義経伝説の近世的展開

その批判的検討

菊池勇夫
kikuchi isao

サッポロ堂書店

義経伝説の近世的展開——その批判的検討

はしがき

近世に著述・編纂された北日本（東北・北海道）を対象とした地誌・随筆・史書の類を紐解くと、古代の伝説的な英雄日本武尊や、「蝦夷征伐」の阿倍比羅夫・坂上田村麻呂、平安末期の前九年・後三年合戦の源頼義・義家、あるいは鎌倉の源頼朝の圧力で藤原泰衡に攻められ自害した源義経など、古代から中世にかけての東北の歴史に関わる史伝が数多く記されている。そのなかでも義経伝説は東北にとどまらずその範囲を北海道にまで広げて喧伝されてきた、北日本の伝説の最たるものであろう。

本書が俎上にあげるのは義経伝説（物語）といっても、義経が衣川の館で自殺せず生き延びて蝦夷へ渡ったという、いわゆる蝦夷渡り伝説（入夷伝説・北行伝説）である。もとより源義経の実証的な歴史研究ではそうした義経の蝦夷渡りは史実ではなく、金田一京助「義経入夷伝説考」、島津久基『義経伝説と文学』などによって、江戸時代の一七世紀後末期になってはじめて語られ出した伝説（物語）であることは明らかとなっている。それでもなお、今日、一部の人々は義経の蝦夷渡りを信じ切って「真実」であるかのように語ってやまない。虚実こもごも語られることによって、歴史（事実）と伝説の境目が曖昧になり、事実であったかもしれないと素朴に受け止めてしまう人々も少なくないのではないか。さらに嘘であることを知りながら利用してきた（利用しようとする）人々もいるに違いない。それらとは真逆に、馬鹿らしい伝説だと素っ気ない態度の人々もたくさんいることだろう。

だいぶ前に義経蝦夷渡り伝説について論じたことがある（「義経『蝦夷征伐』物語の生誕と機能」『史苑』四二巻一・二号、立教大学史学会、一九八二年。のち『幕藩体制と蝦夷地』雄山閣出版、一九八四年、再録）。それが江戸時代に語り出され、どのような性格のものかある程度わかってしまうと、それ以上に立ち入りたいとは思わなかった。ところが、その後メディアや観光で商業主義的に大量に垂れ流される現実を眼前にして、それを黙視している歴史学でいいのかという気持ちを抱き、蝦夷渡り伝説の生成や変容、政治的な役割などを明らかにして、未来に伝えていく歴史的価値など何もなく、過去の語りとして終わらせていく責務があるのではと考えるようになった。しかも長らく北方史研究に関与してきて、東北・北海道の人々の地域史理解、自己認識と関わるだけに、中央での語りだけでなく、地域史に即した内側からの批判が必要であると痛感した。こうしてあらためて取り組むことになったのは五〇代後半のことであった。

物語は作家的思考・想像によって作られるものである以上、その創作行為はむろん肯定されるべきものである。しかし、物語・虚偽が史実であるかのように装い、語られ、展開し、受け入れられていくとき、意識のうえで物語が史実に成り変わってしまう、その恐さを問題としたい。政治的言説ならなおさらである。歴史上では統治者（権力者）に都合のいいように過去の歴史語りがなされてきた。それが伝説というものの本質をよく示している。義経蝦夷渡り伝説も、単に空想的な物語というのではなくて、そのような性格をつよく帯びたものであった。歴史などというものはすべて語られた言説であるという捉え方もあるが、それでは事実はどうでもよいことになりかねず、史料批判ないし言説批判によって事実を究明する歴史学という学問とは相いれない。

伝説は言い伝えとして古くから存在していたかのように語られるのが常である。しかし時代の要請や雰囲気によって、その時代に合うように新しい要素が付け加わったり、脚色・改変されたりして、それ以前に語られていたことと違っている場合が多い。まったく新たに語り出されるということもある。創作のみならず、伝説の記録、地誌の編纂にあっても作為、改竄が常に働きうるということを疑っておかなくてはならない。伝写されていく過程で我意が入り微妙に変化していくこともあろう。したがって、伝説・物語研究にとって最低限必要な作法は文字化・文献化された時点においてそう記されたということだけが本当であって、前々からそのように語り伝えられていたことを直ちに意味するものではないし、ましてや過去の事実がそうであったことを何ら証明するものでもない、と心得ておくことが肝要である。

本書の主眼は、そのような伝説・物語理解に立って、義経蝦夷渡り伝説の生成・発展・変容の過程を時間軸に沿って具体的に示していくことにある。蝦夷渡り伝説は史実ではないと退けていただけでは、歴史学は何の力にもならない。史実は平安末期・鎌倉初期のこととはいえ、江戸時代に生成されて広まったという点において、その解明は近世史研究が行うべきことがらである。そのことを自覚して、章立てとも関わっているが、以下のような課題意識をもって取り組んできた。

（1）義経蝦夷渡り伝説は東北・北海道に展開していることから、とくに東北地方の人々が語り出した（あるいは伝承してきた）物語であるかのように受けとめられている。しかし、実際はそうではなく書物・出版界をリードする中央（三都）の政治文化的な言説空間において生み出されたと考えられるので、その点を明らかにしていく。

（2）中央的な義経蝦夷渡り伝説が東北地方にどのように影響を与え定着していくのか、特定の場所に即して地方的な展開の様相を明らかにする。そのさい、時期・内容の異なる複数の伝説・物語が存在していることが好都合であり、その適例として津軽地方の三厩の義経伝説を取り上げて検討する。

（3）津軽海峡を越えて、アイヌの人々にも影響が及ぶことになった北海道（松前・蝦夷地）の義経伝説の性格を明らかにする。蝦夷渡り伝説といっても、近世的な語りというより、中世的な古態としての若き義経の物語が基盤となっていたことが示されよう。また、和人によってアイヌの人々の間に持ち込まれ、その精神世界に入っていく側面がなきにしもあらずであって、義経伝説の政治文化的役割を問う。

（4）近世後期の菅江真澄、幕末期の松浦武四郎は、その当時語られていた義経蝦夷渡り伝説を聞き取って書き留めた人である。真澄の場合には東北から道南にかけて、武四郎の場合には北海道全域にわたって記録したことになる。その時代の伝説・物語の分布状況、物語の態様を全体的に俯瞰できる文献として有用だが、それだけでなく真澄、武四郎その人自身の義経蝦夷渡り伝説への関心、受け止めかたもどのようなものであったか吟味してみる必要がある。

（5）近世人のなかには義経蝦夷渡り伝説は史実ではないと否定する論者もいた。その数少ない一人が仙台藩の儒医相原友直であった。友直は『平泉実記』などの史書・地誌類を著し、平泉研究の草分けとでもいうべき人であるが、伝説批判がどのようにして可能であったのか明らかにする。

（6）今日、東北地方で語られる義経蝦夷渡り伝説は、偽書『東日流《つがる》外三郡誌』を生み出してしまう精神構造と共通する、中央から迫害を受けてきたという屈折した東北敗者意識、被害感情によって下支えされている。伝説の分析・解体作業を通して、地域の歴史意識、地域アイデンティティーを読み解き、妄想的な呪縛から解き放たれていく地域・郷土意識の変革にも貢献したい。

さて、本書に収録した論考のうち第二章が新稿であるのを除けば、他は旧稿に少し手を加えただけの再録である。なお、拙稿「蝦夷地のなかの「日本」の神仏——ウス善光寺と義経物語を中心に」（荒武賢一朗・太田光俊・木下光生『日本史学のフロンティア』1、法政大学出版局、二〇一五年）の後半部分は義経蝦夷渡り伝説を扱い、さらに踏み込んで論じたところもあるが、第一章などと論旨的にはあまり違わず、また後半部分のみを分割掲載するのもためらわれるので、本書への掲載は見送った。合わせて参照していただければ幸いである。

この義経伝説の研究にあたっては、二〇〇八～一〇年度に『北日本地域における田村麻呂・義経伝説の近世的展開』というテーマで科学研究補助金（基盤研究〈C〉一般）を受けたことを明記しておく。報告書というかたちで一度まとめたが、義経伝説に関するものについてその後の研究も加えてここに刊行する次第である。

各章の初出論考（原題）は次の通りである。

第一章　「義経蝦夷渡り（北行）伝説の生成をめぐって――民衆・地方が作りだしたのか――」『研究年報』第三九号、宮城学院女子大学附属キリスト教文化研究所、二〇〇六年。

第三章　「義経蝦夷渡り伝説の地方的展開――三厩の観世音縁起をめぐって――」『研究年報』第四二号、宮城学院女子大学附属キリスト教文化研究所、二〇〇九年。

第四章　「地誌考証と偽書批判――相原友直『平泉雑記』の義経蝦夷渡り説否定論を中心に――」『研究年報』第四三号、宮城学院女子大学附属キリスト教文化研究所、二〇一〇年。

第五章　「松浦武四郎と義経蝦夷渡り伝説」『研究年報』第四四号、宮城学院女子大学附属キリスト教文化研究所、二〇一一年。

補論1　「蔓延する『義経北行伝説』――伝説をいかに解体するか――」『北海道・東北史研究』第二号、北海道・東北史研究会、二〇〇五年。

補論2　「義経の「粟の証文」」『日本歴史』第八〇〇号、吉川弘文館、二〇一五年。

目次

第一章

義経蝦夷渡り（北行）伝説の生成

――民衆・地方が作り出したのか

はじめに

源義経は『吾妻鏡（東鑑）』によると、文治五年（一一八九）閏四月三〇日、藤原基成の衣川館に居たところを藤原泰衡の手勢に襲われ自害した。それから五百年近くも経ってから、判官義経は衣川館（または高館）を逃げ延びて蝦夷地に渡ったという不死（生存）伝説が生み出された。いわゆる蝦夷渡り伝説であるが、近年では「北行伝説」と呼ばれることが多い。寛文九年（一六六九）のシャクシャインの戦いを契機に語られはじめ、蝦夷渡りからさらに大陸へと想像を膨らませていった創作・捏造の積み重ねの物語であることはいうまでもない。

近世史（江戸時代）における物語の成長は、近代に入って一層促された。大正末期に小谷部全一郎の『成吉思汗ハ源義経也』（冨山房、一九二四年）が刊行され、それに煽り立てられるように義経＝ジンギスカン説が流布した。それに対して、たとえば、大森金五郎、金田一京助、鳥居龍蔵ら当代の学者が執筆陣となって、国史講習会編『成吉思汗非源義経』（雄山閣、一九二五年）という反駁の書が『中央史壇』の特別号として出版されている。「人を欺くにまた方便あるを能く知」る小谷部某の説を学術上の見地から完膚なきまでに批判しようというのであった。

義経が蝦夷地に逃げ延び大陸に渡ったとする「入夷渡満」説、その延長にあるジンギスカン＝義経説は疑問と推論とでっち上げ以外に事実であることを示す根拠がなく、事実か否かを争うだけならば大正期の議論ですでに決着済みの問題である。しかしながら、北行・大陸行の義経伝説はその後も繰り返され、衰退するどころかますます大衆化し、今日に至っている。(1)日本人の多くが聞き覚えあるという点では、「国民」的な伝説になっているとさえいえるかもしれない。

なぜ、これほどまでに近世以来現在にいたるまで虚妄の北行・大陸行の義経不死伝説が反復・肥大化し、壮大な物語として発展してきたのだろうか。判官贔屓の民衆によって敗れし英雄への同情、愛惜の念から生み出されてきたと説明されることが多い。義経が最期を迎えた東北地方では、どれだけ古い言説なのか注意も必要だが、中央の権力に敗者として抹殺されてきた歴史に対する抵抗という東北人の心情がこの伝説を通して語られてきた。議論を義経伝説一般に押し広げるつもりはないが、少なくとも義経蝦夷渡り(北行)伝説は元来そのような事情のもとに成立したものなのか、それ自体が疑わしく論証されていないことのように思われる。ずいぶん前の旧稿で先行研究を踏まえて蝦夷渡り伝説の生誕と機能について検討してみたことがあるが、(2)無批判に蝦夷渡り伝説が垂れ流される現実を眼の前にして、あらためて伝説批判の必要性を痛感するようになった。蝦夷渡り伝説の成立事情についてさらに検討を深めて明確にしてみたいと思う。

一　蝦夷地のなかの『御曹子島渡』

義経蝦夷渡り（北行）伝説は義経の死後の架空の物語である。ただし、若き日の義経ならば、不死伝説の成立以前から存在していた。室町時代に遡る、奈良絵本や物語草子の『御曹子（御曹司）島渡』である。江戸時代には「御伽文庫」の一編として板行され流布したので、よく知られる物語となった。新たなる蝦夷渡り伝説への飛躍の前提には、金田一京助が指摘するように、『御曹子島渡』の物語世界が存在しており[3]、不死伝説が形成された後でもその痕跡は消えることがなく根強い生命力を持ち続けた。

たとえば、幕末の旅行家、松浦武四郎が一八四〇年代の蝦夷地踏査に基づいて著した『三航蝦夷日誌』のなかに、日高地方のサル場所で土地のアイヌが語った話として、つぎのような物語が紹介されている。

判官義経殿《シャマイクル》弁慶殿《ウキクルミ》といへるものを連て蝦夷がしまニ来り玉ひて、此処の酋長の家ニ虎の巻と云る軍の秘書の有けるを得んとて其家へ聟ニいられけるが、其夷人はおしまのうちにても名高き武強のものにて、其軍書の一巻を判官様へ伝ふことを甚おしミ少しも其有処をしらさゞりしが、判官どのも何かと至して此書を得たく思ひ内、[3] 壱人の男子出来て夫婦中睦間敷暮されけるニ、其でさえも其一巻の有処をしらさゞる故、判官様又いつわりて盲となり玉ひけるが、其酋長いまだに其事偽りと疑て一巻の有家《ありか》をゆるさゞりしに、或時大なる炉の辺ニ三人ほど居並て其抱たる子を過ちて火中ニ落し入れたりければ、是に而酋長其盲を実と思ひて其有処をしらしければ、則即刻ニ其一巻を奪ひて船ニ棹さして満州さし而逃玉ふとかや。然るニ其酋長は定而満州の方ならんと其方さし而逐行ニ、判官様には其逐ひ来ることを知て彼秘書にて神通自在に雲霧を起して、其中ニ隠れ逃去玉ふとかや。云々。[4]

武四郎はサル川の川上二里くらいのところにアヨヒラ（ハヨピラ）という所があり、そこに判官殿の古跡があって岩窟であるように聞いており、「今世間ニ義経公の事はさまぐま議論も有ども、其は兎も角も何れ此地へ渡られしならば此辺へ見えしものと思わる」と、多少疑いながらもある程度信じてもいるような受け止めかたであった。この地には「蝦夷浄瑠理（璃）」（ユーカラ）というものがあり、そのなかに右の物語があるとするが、アイヌ語で語られているので通辞（通詞）に聞かなければ解釈しがたいと武四郎は記している。

むろん、この物語からアイヌの人々が民族の人文神である存在を、シヤマイクル（サマイウンクル）＝義経、ウキクルミ（オキクルミ）＝弁慶であると受け入れ（一般には逆に義経をオキクルミとすることが多い）、義経・弁慶がアイヌの精神生活に深く根を下ろしていたなどと軽率に判断してはならない。アイヌの人たちにとって義経は欺いて宝を奪い日本に逃げ帰った者にすぎず、和人から伝わった義経物語を語ることがあったとしても、義経に愛情を感じるなどということ自体考えにくいからである。アイヌと日常的に接触する通詞（通辞）ら和人たちの管理のもとにある義経物語というだけが確実である。

「酋長」の家にある虎の巻（軍の秘書）を入手するためにその娘と結婚し、いろいろ欺いて「酋長」を信用させ奪い取るというこの義経入婿物語は、御伽草子の『御曹子島渡』をベースにしているのは明瞭である。『御曹子島渡』は、奥州平泉の藤原秀衡のもとにあった御曹子義経が蝦夷が千島の喜見城の都におもむき、かねひら大王の持っている大日の兵法を奪ってくるという物語で、大王の姫（天女）と契りを結んで巻物を持ち出してもらうというあたりがクライマックスであった。最後はこの巻物によって日本国を思いのままに従わせて源氏の御代になったと締めくくっていた(5)。

『御曹子島渡』と武四郎が記すサル場所の義経物語とは物語の骨格がほとんど同じである。

大きく違うのは、前者が平家打倒前の若き義経であり、巻物を奪ったあとに日本へ帰るのに対して、後者はいつの義経か明示的でないが巻物を持って満洲に向かって逃げ去ったとされ、「入夷渡満」説の方向に引寄せられている点である。そのような変容が認められるにしても、『御曹子島渡』の物語が少なくとも蝦夷地場所で働く和人の間に定着し、アイヌの人たちにも何がしか浸透して、長く語り続けられてきたことは着目すべきことである。

さて、衣川館で自害せず逃れたとする義経蝦夷渡り伝説は寛文一〇年（一六七〇）成立の『続本朝通鑑』巻七十九（後鳥羽天皇七）に、「俗伝又曰。衣河之役義経不死。逃到蝦夷島存其遺種」と書かれたのが文献上では最初といわれている。[6] その後蝦夷地における義経伝説を詳しく伝えたのは、水戸藩が蝦夷地に派遣した快風丸の情報であった。「蝦夷中にて風聞に申伝候覚」（戌四月廿八日、元禄七年〈一六九四〉）に、前々より「蝦夷共申伝候得共、尤分明ならさる御事」とするが、上口（西蝦夷地）の弁慶か崎に「弁慶甲石」、下口（東蝦夷地）の宇須に「義経公の甲石」があるとしたうえで、次のような記述がみられる。

松前城下より下口さると申処へハ陸地九日程御座候、此さると申処ニ義経公御渡り被成、其処の大将蝦夷のむこニ被成候而、さるの近所にはへと申所ニ館構被成御座候由申伝候、其後右の大将の宝を御盗取候へ而陸地へ御帰被成候由申伝候、蝦夷の言葉

ニハ義経公ヲハうきくるみ故（殿）弁慶ヲハしやまにうくると申伝候（『快風船渉海紀事』）(7)

『御曹子島渡』と松浦武四郎記録の義経物語の間に、この快風丸の「申伝」を置いてみると、三者は同じストーリーでありながら、微妙な違いが認められて興味深い。快風丸「申伝」が書かれた時期は蝦夷渡り不死伝説が次第に成長し始める頃にあたるが、大将の宝を盗み取って「陸地」へ帰るとあるのは、大陸の満洲方面へ渡ったのではなく蝦夷が島から日本へ帰ってきたことを意味している。それは若き義経時代のことであって、武四郎の記録のように満洲方面を向いてはいない。この「申伝」はまだ不死伝説の影響下になかったことは明らかである。

同様の物語は、一八世紀前期の記録にも、「義経の事をウキグルと云。弁慶をば其侭べんけいと申候由。義経昔此国はいと云所え渡り、蝦夷の大将の娘になじみ、秘蔵の巻物を取たるといふ事を上るりに作り、彼等が内にて智恵の勝れたる者ども語り候由」（松宮観山『蝦夷談筆記』）、「義経を崇敬すると云事本邦にていひ伝れどもさだかにしかりとも見へず。浄留理の内に義経の事有りて、義経幼年の時に船に乗りて蝦夷え来りて八面大王の娘と通じ、大王の狩りに出たる隙をうかがひ秘蔵せし虎の巻物をぬすみ、又小船に乗て本国へ逃帰れり」（坂倉源次郎『北海随筆』）などとも記されている。(8)

『北海随筆』には「西蝦夷地六条の間と云処に弁慶崎と云処有。義経処より北高麗へ渡りたもふともいへり。是もまたさだかならず」と記されるように、蝦夷地内でも大陸行の伝説が語られるようになるが、一七世紀から一八世紀前半にかけての蝦夷地で語られていた義経伝説は『御曹子島渡』をベースにしたものであったのはまず間違いない。蝦夷地に入り込んで活動していた和人（砂金取りや鷹待ち、あるいは交易従事者などで奥羽との結びつきが強い人々）が親しみをもっていたのは『御曹子島渡』系統の物語であって、彼等の間から義経不死伝説が生み出されたのではないということを示している。

とするならば、義経不死・蝦夷渡り伝説は地方（東北・北海道）というよりむしろ中央（三都）によって殊更言い立てられ成長し、それがまた地方化していく過程を辿った、そのように推測すべきものとなろう。『御曹子島渡』が蝦夷渡り伝説に昇華発展せしめられた契機には、すでに旧稿で論じたように、寛文九年（一六六九）のシャクシャインの戦いが大きく働いていた。快風丸「申伝」にハエという地名が出てくるが、ハエはオニビシの拠点だった所である。さらにはシャクシャインを義経の後胤とする語りもみられた。

義経不死を初めて文献に記した『続本朝通鑑』の成立時期がちょうどシャクシャインの戦い直後のことであり、シャクシャインの鎮圧にあたっては幕府が旗本松前八左衛門泰広を蝦夷地に派遣するなど「蝦夷征伐」の上意を発動して関与したこともあり、虚実さまざまな情報が江戸にもたらされたに違いない。そのなかに『御曹子島渡』をベースにした義経伝説も含まれ、義経の子孫が残っているとか、シャクシャインが義経の子孫であるかように語る他愛のない噂が含まれ、それを義経が死なないで蝦夷地に渡ったと解釈してしまうなどのことがあったとしても不思議ではない。そのような不確かな噂、風聞の中から何を引っ張り出し、それにどのような意味づけや秩序を与えていくかは、中央の教養ある知識人たちの賢しらな知の所産だったと捉えるのが自然でなかろうか。松前藩側の記録『正徳五年松前志摩守差出候書付』には、蝦夷人は義経を判官と言って敬い「昔語」にもしている、弁慶ケ崎というのはあるが義経の旧跡などというものはない、としていた(9)。松前藩(松前人)には義経不死・蝦夷渡り伝説を語る何ものも存在していなかったのである。

二　蝦夷渡り伝説の権威・権力性

東北民衆の義経に寄せる深い愛着のようなものが義経不死伝説を生成させたと考えるのはおそらく間違っている。そうではなく、義経蝦夷渡り伝説は幕藩制国家の華夷秩序システムにきわめて都合のよい物語であったからこそ広まったものであり、その意味では体制迎合的な物語であることを本質としていたといってよい。旧稿で論じた通りであるが、ここでもある程度具体的に述べておこう。

義経蝦夷渡り（北行）伝説が奥州平泉で死なず蝦夷地に逃げるところから始まる以上、平家を倒すために蝦夷大王から虎の巻（兵法書）を奪ってくるという若き義経の『御曹子島渡』とは明らかにモチーフが違うことになり、蝦夷地に逃れた義経の物語が必然的に要請されてくる。蝦夷渡りした義経はそこで何をしたのであろうか。もちろん演出・捏造された架空物語にすぎないが、このような問いを発することによって、蝦夷渡り伝説の本質や性格がはっきりと見えてくるはずである。比較的内容が具体的なものを挙げてみよう。

①然レ共爰ニ一ノ不思議候。文治五年伊予守義経奥州衣川高館ノ城ニテ自害ト云ヘ共、死間ノ謀ヲ以テ。義経弁慶夷《エゾガ》島ニ渡テ方便ヲ尽シ給ヒシカバ。夷人《エゾジン》大ニ尊ミ今ノ世マデモ義経大明神ト祭リ崇メテ。日本ノ伊勢大神宮ノ如ク恐レヲ成ス。是一ノ奇特ナリ
（南宗庵一龍『残太平記』巻之七、元禄三年〈一六九〇〉[10]）

②愚按義経死間ノ謀ヲ以テ。東夷《エゾ》ニ渡リ玉ヒ。金銀財物ヲ出シテ。夷《イ》人ヲ懐ケ。兵術ノ奇妙ヲ尽シ玉フニ其ノ徳ニ伏セズト云者ナシ。死後神ニ祝ヒ一国ノ氏神ト崇奉リ。義経《ヲキクル》大明神ト称シ。今ノ世マテモ被官奴隷ノ人マデ。食トキハ。先ツ義経《ヲキクル》ニ祭リ。其神ヲ崇ム。……（小幡邦器『義経興廃記』巻第十二、元禄一七年〈一七〇四〉[11]）

③去ル程ニ伊予ノ守義経ハ。衣川ヲ遁《ノガ》レ出。事ユヘナク蝦夷ニ渡《ト》海シ玉ヒ。威《ヲド》スニ武ヲ以テセラレシカバ。島《タフ》中ノ者共悉ク。怖《ヲソ》レヲノノヽギ皈《キ》伏シテ。端蝦夷《クチエゾ》。奥蝦夷共ニ。尊敬《ソンケイ》スルコト大方ナラズ。去レバ此ノ島ノ西ノ方ノ。海中ニ巌《イハホ》アリ。水中ヨリ上ニ出ルコト。三丈バカリ。ヲカモイ石ト号《ガウ》ス是レ義経ノ烏帽子《エホシ》ヲ取テ。抛《ナゲ》玉ヒシ処トカヤ。……其ノ外義経ノ古跡《コセキ》。勝《アゲ》テ計《カゾ》ヘガタシ。其ノ後夷等《エビスラ》。義経ヲ神ニ崇《アガ》メ。キクルミト号シ尊《タツト》メリ。……義経ハ島ノ主《アルジ》ト成玉フノミニアラズ。限《カギ》リナキ長寿《ジユ》ヲ保《タモ》チ玉ヒ。殊《コト》ニ子孫《シソン》。永《ナガ》ク蝦夷《エゾ》ノ棟梁《トウリヤウ》ト成玉フ。目出度《タ》カリシコト共ナリ（馬場信意『義経勲功記』巻第十九、正徳二年〈一七一二〉[12]）

④義経を引まとひて南部の方へ落行、津軽地の浜より蝦夷へわたり、夫よりからふとゝ云所に至る。此地其頃まて万の事かたつかすしてハ日本の神代のことく物の品も定らす、耕作の業もしらす、偶然たる国也。義経をはしめ郎徒の人々才智発明の輩なれは、たかへし種蒔農業の営ひを教へ、五常をしめし文字を学はせ、終に国の王と成、国を源国とあらため開祖となれり、今以天照太（大）神のことく一島の宗廟とあかめ、……外国なから日本の風俗にして、言葉も通る也。義経の後胤代々国王として、源の何王と称す。是日本の手柄也（菊岡沾涼『本朝俗諺志』四之巻のうち「高館《たかたち》城并からふと」の項、延享三年〈一七四六〉[13]）

⑤既に義経、上《カミ》の国に凱旋し給ひければ、亀井、鈴木を始めとし伊勢三郎も仮墨太《カメダ》〔今云亀田〕より来り、志夫舎理《シブシャリ》の勝軍を祝しける。……また奥蝦夷未曾久《ミソク》は蒙古と合戦度々に及びしが、程《ホド》なく義経諸軍勢を催し、前後八年の間に未曾久の乱を静め蝦夷を一統し、太平の政行れける云々。（菅江真澄『かすむこまかた』天明六年〈一七八六〉、＊『上編義経蝦夷軍談』の引用、注参照(14)）

ここには多少の物語の幅を示すように例示をしてみた。義経の蝦夷地での活躍ぶりがまったくの虚構だけにリアリティーに欠けるが、③のように蝦夷地における義経の旧跡を具体的にあげるものや、⑤のようにシャクシャインの戦いの軍記物語からヒントを得て軍談物に仕立てたものもある。それらに共通して、義経は蝦夷地に渡って義経大明神などと神のように崇められ、島の主あるいは国の王となったというのが基本モチーフとなっていることは一目瞭然だろう。

神であり王である、そのように夷人（島人）から崇められるには、方便を尽くし①、金銀財物で懐け②、武でもって威す③、耕作・五常・文字などを教える④、戦により鎮定⑤、などとあるように手段はさまざまであるが、いずれにしても義経は外来の征服者として蝦夷地の住民の信頼を勝ち取ることに成功し、未開から文明へ、太平の世へと導いてくれたのである。義経自身はやがて、近世日本における蝦夷地と北高麗、あるいは満洲とつながっているという東北アジアの地理・歴史感覚から、加藤謙斎『鎌倉実記』(享保二年・〈一七一七〉)などによって渡満説に引っ張られていくことになるが、その子孫は永く蝦夷の棟梁として崇められ存続した、そのような義経像が浮かんでこよう。

これはいうまでもなく、そうであってほしいという和人側の期待、願望にすぎないのであるが、義経およびその子孫によってもたらされる安定的な蝦夷地のすがたは、まことに近世の日本(幕藩制国家)と蝦夷(アイヌ民族)との関係に即応したものであった。蝦夷は日本の体制外の存在として位置づけられながら、同時に従属的・服従的な存在でもあるという華夷秩序的世界観に都合がよかったからである。「目出度カリシコト」、「源の何王と称す。是日本の手柄也」とはそのような日本と蝦夷の従属的平和関係が約束されているからである。

義経蝦夷渡り伝説がもてはやされたのは、「源の何王」とある例のように義経が源氏であったからでもある。その点は、蝦夷渡り伝説を作品に取り上げた近松門左衛門が「扨こそ源氏のはん昌は、大日本の外迄もへだてずかはらずたいてんなく。治まりなびくあんせんのこくどの。たみこそゆたかなれ」(『源義経将棊経』第五、正徳元年〈一七一一〉以前)[15]と述べていたことに明瞭に表現されている。蝦夷地の義経伝説と琉球の為朝伝説とも同じ源氏であり、日本の北と南に展開した双生児ともいいうる。さらに付け加えておけば、義経大明神を伊勢大明神、天照大神になぞらえる日本の神国イデオロギーがふりまかれていることも特徴である。義経大明神を手掛かりにして日本の国家神を浸透させていく地ならしの役割を果たしたともいえよう。

しかし、視座を逆転させてみると、義経を崇め奉る、あるいは義経に服従させられる蝦夷地の住民からみれば、ずいぶんと有難迷惑な物語であった。住民が頼んだのでもなく外部から勝手に侵入してきて征服王のような顔をして君臨し、日本的文化価値観を強制する、そのような物語だったからである。実際にアイヌ民族に対して語られるとき、そのままの露骨なかたちではなく、アイヌ民族の人文神であるオキクルミ、シャマイクルに仮託され、穏やかな文化侵略とでもいうべき形態をとったとしても、前節で述べたようにそれが義経である、弁慶であると説明され注入されても、内面の思考まで拘束することはなかったとみるべきである。

中央の教養人たちによる義経伝説の新たなる創造・捏造は新井白石のような当代きっての儒学者や、近松門左衛門のような劇作家までも巻き込んで展開していき、さらに「金史別本」という偽書すら登場させ、渡満説にまで発展していく。さすが「金史別本」なるものへの疑いが強まり偽書であることが判ってしまうが、蝦夷渡りそのものは大勢としては否定されず受け入れられていった。このような架空物語の生成は『御曹子島渡』的な物語世界にいた奥羽民衆の義経への愛着とは無縁な中央の作者・知識人たちの想像もしくは捏造から始まっているのであり、民衆が蝦夷渡り・北行伝説にやがて囚われ夢中になっていったとしても、それは受容の結果にすぎないとみるべきである。新たなる蝦夷渡り伝説の地方化、民衆化が次に問題となってこよう。

三　蝦夷渡り伝説の地方化・民衆化

松前藩の家老松前広長は『福山秘府』を編纂したり、『松前志』を著すなど、松前藩の正統な歴史像を打ち立てるのに尽力した人物である。蠣崎波響が描いた『夷酋列像』の説明文を書いたこととしても知られている。その『夷酋列像附録』（寛政二年〈一七九〇〉）には松前藩（蠣崎氏、松前氏）の拠って立つ歴史性がコンパクトにまとめられている。[16]

それによれば、「毛夷ノ我日本ニ属セルノ始」は景行天皇代の日本武尊の「征伐」にあり、それ以来日本の「王化」の威徳に従ってきたが、叛服には定まりなく、とくに室町中頃より蝦夷が大いに擾乱することがあり、境内の要地に住む武士との間で戦闘が繰りひろげられてきたという。その武士たちというのがいわゆる「渡党」の後胤であり、渡党というのは文治五年（一一八九）の源頼朝の奥州発向によって藤原泰衡が滅亡したさい逃走し、蝦夷に潜居した士のことであるとする。そして、この渡党のなかに義経もいたとして、次のように記す。

是歳源廷尉義公モ亦夷中ニ入テ夷人ノ為ニ敬尊セラレタリ、故ニ夷人於今廷尉ヲ神ト称スルナリ（割注、夷人廷尉ヲオキクルメト云）、又廷尉義公我蝦夷ニ到レルノ証ハ出所サタカナラスト云ヘトモ、白石翁ノ蝦夷志ノ注ニ西部地名亦有弁慶崎（地名今猶存セリ）者、或伝廷尉去此而踰北海云、寛文（疑ラクハ寛永ナランカ）間越前国人漂至韃靼地、是歳癸未清主乃率其人而入燕京居歳余勅遣朝鮮送致而還、其人曰奴児干部門戸之神似此方画廷尉像者亦可以為異聞云々、又清朝ニ所撰図書集成中ニ源廷尉韃靼ニ到レルヨシヲ載タリトソ、伊勢人葛陂伯起子是ヲ語ル、又或説ニ清朝所撰御製詩文集序文中ニ我始祖源義経ノ章アリト云ヘリ実否未詳、又信濃人太宰徳夫カ鎌倉賦ニ範帰死乎都門経走竄于蝦夷ノ文アリ、又馬場氏カ義経勲功記ニモ此旨見ヱタリ、況ヤ古今和俗樵夫牧童ニイタルマデ云ヒフリタルコトナレハ其説尤廃シカタシ（古史ニヨレハ文治五年夏四月泰衡廷尉ヲ襲フ、其家人防ト云ヘトモ敗績シ廷尉自殺スト云、愚私ニ按スルニ此説可疑、恐是執筆其事ヲ闕テ以テ三代ノ家録ヲ正トスルモノナルヘシ、然ラスンハ何ソ頼朝勅許マタスシテ勅命ヲ奉ハリタルトコロノ泰衡ヲ討ツノ理アランヤ、是亦則英雄ノ所為ニシテ庸士ノ論シカタキトコロナリ、嗚呼頼朝卿ノ卓量真ニ旨アルカナ）

こうして渡党の子孫たちが渡島の蝦夷を追い退けて所々の要地に累を築き、「日本将軍」の命令を受けなくても夷賊を討ち従えてきたのであるが、その継承者として松前藩の始祖武田信広が登場してくるという筋書きになっている。以下は省略するが、蝦夷が島への根拠を築いた渡党の歴史の重要な一齣として義経の蝦夷渡り伝説が史実であるかのように受けとめられ記載されているわけである。

ただ、ここで注意しておきたいのは、松前藩の古記録・文書に最も精通していた松前広長でありながら、事実なら松前藩が管理していておかしくない蝦夷渡りの根拠を、言い伝えを含めまったく持っていなかったことである。すべて、新井白石や太宰春台や馬場信意などを借用した論となっている。そのことは義経不死、入夷渡満伝説が、繰り返しになるが松前藩のなかから生み出されたものではないことを示している。にもかかわらず、白石らの中央の権威というのであろうか、自らの渡党、蠣崎・松前氏の歴史のなかに都合よく組み入れてしまったのである。広長は『松前志』(天明元年〈一七八一〉)のなかでも「又オキクルミとは源廷尉義経を尊信して、其古を物語とせるよし。義経異国へわたれる由往々符合のこともあれば其説尤信ずへし」と述べ、新井白石や太宰春台をその証としてあげている。(17)

弘前藩には、弘前藩主津軽信政の弟である権僧正可足の筆記になる津軽氏の系譜がある。(18)津軽氏の嚢祖は藤原秀衡の弟秀栄であるとし、金売吉次や時頼入道、唐糸御前など伝説を動員した在地向けの系譜ということになるが、その津軽氏の系譜にも義経の蝦夷渡り伝説が取り込まれていた。秀栄は津軽を賜り十三を拠点としており、子の秀元代に義経が義行と名を改め一時十三に逃れてくる。その後義経は鎌倉を襲うと出陣したものの軍に破れ、外が浜に落ち、三厩より出船したという。そして、「判官狄ケ島ニ漂着シテ再ヒ帰不申候、後金ノ国へ渡候由、其渡候所ヲ、オカムイ、ト申候。判官子孫金国ニ有之謹衛義澄ト申候由承候」と、奥州藤原氏の滅亡と関わって義行（義経）の蝦夷渡り、金国入りが述べられているのである。義行の金国行きは「金氏別本（金史列将伝）」なる存在しない書物をでっちあげた加藤謙斎『鎌倉実記』（享保二年〈一七一七〉）のなかに出てくることでよく知られる。可足の筆記は『青森県史』第一巻によれば天和・貞享（一六八一～一六八八）の頃の成立とされ、それが正しければ『鎌倉実記』に先立って可足により義行（義経）の金国入りが語られていたことになる。[19]なお、義行の子義澄は『鎌倉実記』では源光録義鎮となっている。

可足筆記だけでなく、弘前藩の正史としての位置づけをもつ『津軽一統志』（享保一六年〈一七三一〉）にも古跡として三馬屋の項に蝦夷渡り伝説が紹介されている。[20]秀衡の遺言で義経は義行義顕と名を改め、衣川高館を逃れ津軽の立野に越し夷島へと去った。義経が海を渡るさい馬三疋を繋いでいったので三馬屋と呼ぶようになった。その厩跡の岩窟が今に残っている。また、義経は夷島を平定し、その後金国に入って生涯をまっとうした。これにより義経の重臣の弁慶・亀井にちなむ地名が夷島にある。このようなことが『鎌倉実記』『義経勲功記』などの書録にみえ、考えるに未詳であると留保しながらも記載している。三馬屋（三厩）の地名譚は蝦夷渡り伝説を受けて地元で作られたのであろうが、あとは『鎌倉実記』などの中央の言説の受け売りであり、地元には元来衣川脱出以後の英雄不死伝説などなかったことを、松前広長同様に裏付けているのではないか。

仙台藩の儒者佐久間洞巌もその著『奥羽観蹟聞老志』（享保四年〈一七一九〉）に「義経事実考附録」をわざわざ設け、義経蝦夷渡りに関する考証を行っている。[21] 義経の身代わりになったとする行信の偽首などの説は信用しがたいとしながら、『鎌倉実記』の「金氏別本」には騙され、「義経蝦夷ノ方へ遁ル事ハ異国ノ書ニ符合スレハ決定不可疑」と信じ込んでしまった。奥州平泉の歴史を管理する立場にある仙台藩儒者は、地元の伝承にもなかった新たなる義経伝説の言説には否定的であったが、外国の書にあると示されては疑うことができなかった。

ひとたび新たなる義経伝説が中央で語られると、知識人のネットワークや出版文化の発展に支えられて地方へと受容され全国化していく、そのスピードも速かった。まずは松前藩や弘前藩に見られるように領主権力、支配層によって取り入れられ、強い発信力とともに下降していく。こうして、義経蝦夷渡り（北行）伝説は史実として通用し、それに由縁をもつという義経関連の遺跡が思いつきや附会によって東北・北海道の処々にさまざまに作り出されていくことになるだろう。また、それ以前にあった『御曹子島渡』系統の民衆的といってよい義経伝説も不死伝説・蝦夷渡り伝説の文脈のなかで改変され、組み直されるという事態に至っただろう。

東北・北海道地方には津軽三厩の義経寺をはじめとして数多の義経伝説が今日語られ、北行ルートのもとに整理され位置づけられている。そのひとつひとつについて、いつだれがどのように語ってきたのか明らかにされなくてはならない。今後の課題となるが、蝦夷渡り・北行伝説という筋書きからひとまず離れて、「古く」から語られてきたという伝説を文献考証的に吟味していくことが蝦夷渡り伝説解体の作業に不可欠である。[22]

むろん、近世を通じてすべてが蝦夷渡り(北行)伝説に塗り込められていったわけではない。蝦夷地の義経伝説には幕末近くなっても武四郎が記していたように、古態の『御曹子島渡』をベースにした伝説も色濃く残り、新旧の義経伝説が合わさった状態で語られていたのが実際である。江差の姥神社の文政五年(一八二二)『社記伝記控』に、「其後高館ノ危ヲノカレ、源義経主従此弁天島ニ艤シテ、蝦夷ノ棟梁トナリテ此島ニ住ルナリト言伝へ備リ。今ニ義経雨屋トリノ岩、虎ノ巻ヲ納メケル岩穴ノ古部アリ」[23]とあるのは、新(高館ノ危ヲノカレ)と旧(虎ノ巻)のまさに同居状態を示していよう。

四　蝦夷渡り否定説の存在

義経は死なずに蝦夷地に逃れたという蝦夷渡り伝説はその体制迎合的な性格とあいまって、文芸から学問まで含めて言論界はすべて蝦夷渡り伝説で覆い尽くされてしまったかのような感があるが、少数派ながら疑問を唱え否定する意見も存在した。未詳だとして論評を避ける留保派や、語られているままに記す客観派もあるが、それらも結果的には虚妄の伝説の流布に協力している。あまり正面から取り上げられることの少ない否定派の議論に関心を寄せてみよう。

伊勢貞丈はそうした否定派の一人であった。『安斎随筆』巻之二十二「蝦夷鍬先」から批判の一部を引用しておこう。

> 貞丈云ふ。今按に義経奥州の衣川の館にて自殺せられしを其の首を切つて酒に浸して鎌倉に送りし由東鑑にみえたり。東鑑は鎌倉の実録なり虚事を記すべからず。然れば義経の蝦夷へ渡られしと云ふは松前の土俗の謬伝なり。実録の東鑑の記事を捨てゝ土俗の謬伝をとる可なら（ママ）ず。エゾにてウキクルミと云ふ者と義経とは別人なるべし。此方の人はウキクルミは何人と云ふ事をしらず。蝦夷人は義経は何人と云ふ事をしらざ

るを義経蝦夷へ渡りたりと云ふ俗説あるに依りて、松前の人強てウキクルミを義経の事なりと付会して云ひ伝へたるなるべし[24]……

ここには鎌倉幕府の実録である『東鑑』が虚偽のことを書くはずがないという全幅の信頼の上に立って、蝦夷渡り伝説は松前人が作り出した「土俗の謬伝」だとして一刀両断に切り捨てている。鎌倉幕府の正史と地方人の俗伝のどちらを信用するか天秤にかけられているようなものだが、松前人の責任にしてしまうのはこれまで述べてきたように酷にすぎる。松前人が『御曹子島渡』をベースにして義経＝オキクルミ物語を語ったとしても、蝦夷渡り不死伝説が松前人の着想であったとは考えにくいからである。蝦夷地での義経にまつわる地名伝承や遺跡を欲したのは、むしろ中央の教養人たちであり、それに松前人が反応していくことによって伝説が新たにつくられ既成事実化していく、それが真相であろう。

貞丈は『東鑑』によって義経の蝦夷渡りを否定したが、蝦夷地で語られる義経は『続太平記』に拠って小山悪四郎隆政を誤り伝えたものだろうとする。すなわち、応永一八年（一四一一）に奥州住人の小山悪四郎が叛逆したが、討手を差し向けた鎌倉執事上杉氏憲との戦いに敗走して蝦夷に渡ったのだといい、「其の勇威に夷人畏服して而後は酋長の婿となりて天命をもつて終りたり夷人祠を立てて祭之其の祠今猶存すと見えたり」と述べていた。

たしかに杉岸芳通『続太平記』（貞享三年〈一六八六〉）狸首編巻第十一の「小山悪四郎謀叛事」には、津軽から蝦夷の地に渡った悪四郎は「島ノ者共思様ニ責使《セメツカツ》テ自由ヲ挙動《フルマイ》ケルガ。我ニ不従者ヲバ弓ニテ射殺シ。棒ニテ是ヲ打擲シ廻リケル間。一島ミナ不畏服ト云者無リケリ」と書かれる暴虐者であって、義経大明神とは大きく隔たっているが、島の長者の婿となり、一生を終え「荒人神」として祀られたのだという。(25)

『続太平記』が小山判官の蝦夷渡りを記したのはどのような事情であったろうか。義経蝦夷渡り説が語り始められた頃のことで、それをヒントにした可能性もあるだろうが、シャクシャイン事件による蝦夷地への関心の高まりを背景に、蝦夷地に逃亡させる同様の着想がそれぞれに生まれたとしてもおかしくはない。小山のほうは知名度の問題もあってか、あまり広まらなかった。小山隆政（若犬丸）は実在した人物で、足利氏の鎌倉府と戦うが敗走し会津で自害している。隆政の蝦夷渡りも事実ではないが、逃走と挙兵を繰り返しており、不死伝説が生まれやすい経歴の持主であった。

小山悪四郎隆政説は伊勢貞丈のほかに菅江真澄も採用するところだった。判官義経をアヰノ（アイヌ）はヲキクルミといって尊んでいるというが、アヰノが神（カムヰ）と恐れかしこんでいるのはあるいは小山悪四郎判官隆政のことではなかろうか。小山は「蝦夷の国の戦ひに鬼神のふるまひをなして、いさをしすくなからず」人だったので、アイヌの人々が

「判官《オキクロ》のみしるし」として小山統の家の紋である「巴の図《カタ》」を「かれにもこれにも彫て、身のたから」としている。いっぽう源九郎義経については「ゆめ此島へ渡給ひしよしのあらざめれど、義経の高き御名をかりにかゞやかして、蝦夷人らをびやかしたる、名もなき、ひたかぶとのものの、をこなるふるまひにてやあらんかし」と、義経を持ち出したのはアイヌの人たちを脅かすための手段であったのではと推測している。巴紋＝小山統を根拠にして九郎判官説に疑問を投げかけていたのである。

真澄はまた江差の磯辺に小山観音があって、隆政のはぎまきを祀り、あらはばきの神ともいうと『蝦夷迺天布利《えぞのてぶり》』（寛政四年〈一七九二〉）に紹介している。[26] この小山観音は泊村（江差町）の小山権現堂をさしているのだろう。『泊村支配所宮之所持覚』（享保二年〈一七一七〉、寛政一二年〈一八〇〇〉改）に記された権現堂の由来によると、この山に小山之判官悪四郎という人が住居していた。この人は「御弓勢余人ニすくれ、夷共恐をなし、百姓共殊之外奉うやまへ、偏ニ頼ニおも」われていたが、どこかへ行ってしまった。人々は名残惜しく、住居跡にすねあてが残っていたので、それを形見にして、これからさき「夷」が掛け来たっても災難から逃れられるだろうと小山権現として祝ったものであった。その後円空がやってきて観音の木像を彫り堂を建てたのだという。[27] この場合、小山判官はアイヌによって祭られていたのではなかった。

その他に義経蝦夷渡り説をはっきりと否定していたのは、義経が最期を遂げた平泉の近世大名である仙台藩側の人士であった。前節で仙台藩儒者佐久間洞巌は「金史別本」を信用してしまったものの平泉の義経不死伝説の語りには懐疑的だったことを指摘した。その後、「東奥仙府燕々軒」（仙台藩士半田道時）編集の『伊達秘鑑』（明和七年〈一七七〇〉）は「義経平泉高館ニ於テ自害ノ事。東鑑・盛衰記・義経記等ノ説ナリ。近代出ル所ノ諸書ニ或ハ平泉ヲ遁レテ蝦夷ヘ落行。彼地ニテ終ト云。或ハ蝦夷ヨリ金国ヘ渡ルトモイヘリ。是皆怪異牽強ノ妄説。信ズルニ不足」と、厳しく批判していた。(28)

儒医相原友直も徹底した義経蝦夷渡り批判者であった。仙台・京都に遊学後帰郷して西磐井郡赤萩村で医業をしながら、郷土関係の著作を残し、とくに『平泉実記』『平泉旧跡志』『平泉雑記』という平泉の考証に力を注いだ人物として知られている。相原は『平泉雑記』（安永二年〈一七七三〉）のなかで、まちまちに語られている蝦夷渡り伝説について、「造リ出ス者我カ慮ニマカセ（テ作）ルカ故ニ、各異ニシテ遂ニ帰一ノ無論」「其書ヲ看ルニ、地理ノ違ヒ、文章ノ妄多クシテ、信ジ難キコト而已ナリ」とし、彼が以前『平泉実記』を著したときには「東鑑ニ（ヲ）採テ、他ノ疑ハシキヲ不求。是捨私論而従公論、不取野史採正史者也」という態度で臨んだという。(29)伊勢貞丈に同じく『東鑑』＝正史主義に立っての蝦夷渡り否定論であった。ただそればかりではなく、相原は「郷説」「里老・村老ノ説」にも関心を向けていた人であった。「義経墳墓」や「義経ノ位牌」の所在について述べており、当時、平泉を中心とした地域（あるいはもっとひろく仙台藩）では義経がこの地で自殺したと受け止められていたことを示しているように思われる。不死逃亡・蝦夷渡りの伝説など地元に何も存在していなかったことを相原は知っていて、地域伝承と相容れない近年の「野史」に我慢ならず厳しい批判を繰り広げたといえそうである。相原が妄説として退けた『義経勲功記』『鎌倉実記』等に対する批判については別の機会に詳しく検討してみたいと思う。

仙台藩としての立場はどうであったのだろう。高館の義経堂は毛越寺一山の総持で、「義経ノ像アリ、古堂退転仕候処、天和三年御上ヨリ瓦葺壱間四面ニ御建被成置候」（『平泉村風土記御用書出』安永四年〈一七七五〉[30]）と書上げられているように、「御上」（四代藩主綱村）の命によって天和三年（一六八三）に再建されたという来歴をもっている。その再建時の、「陸奥州高館者、源氏義経故城也」ではじまる「義経廟上棟文」が伝わっている。[31]義経の霊は仙台藩の管理下に置かれているという意識が強く、蝦夷渡り伝説を作り出す藩事情にはなかったことは確かである。

幕末期になるが、外国掛老中堀田正篤（佐倉藩）の家臣窪田子蔵はサル会所に宿泊したさい、この地にまつるという源判官のことについて疑問を投げかけている（『協和私役』安政三年〈一八五六〉[32]）。支配人に尋ねると、アイヌにはヲキクルミカムイ、シヤマヤングルと伝えて尊んでいる神があり、寛政の蝦夷地幕領当時、近藤重蔵、最上徳内、上原熊次郎の三人が相議して、ヲキクルカムイを義経公、シヤマヤングルを弁慶と定めてこの地に勧請したものだという。また、どうして他ではなくこの地に祭ったのかと尋ねると、それもかの三人の謀ったことだろうという。そうであるならば「此二神は源判官、弁慶たる明証もなく、又此神を此地に祭るべき謂れも無し。扨も此祠もむだ事なり」というのが窪田の判断であった。窪田自身は高館に死んだ義経についてあるいは蝦夷地に入ったかもしれないと、蝦夷渡りを否定しているわけではないが、サルの義経社はまったく三人の「好事」から出たことだと批判を加えていた。

近藤重蔵がサル場所のハイヒラに義経の古跡とされる場所を訪ねたのはエトロフから帰途の寛政一〇年(一七九八)一一月のことで、『近藤守重事蹟考』に収める「古河古松軒老人に与ふる書」(寛政一一年)に、ハイヒラは昔判官がこの山上にハイという「魚吻」を立てて祈禱し、居を構えたところなどといった伝説を書きとめていた。[33] ビラトリに義経の小祠を建てたのは、一緒に行動した木村謙次(下野源助)の『蝦夷日記』によると一一月一五日のことであった。[34] 義経を勧請したことを記した文書に近藤良種と書いたが、アイヌの人たちが義経をヨシタネと発音することからわざと良種としたのではと、その行為を謙次は「姦賊」のなすことと辛口に評している。謙次らが早朝でかけて行って祠を建てる場所の地堅めをしたのだという。

その後ビラトリの義経社は移され、窪田が訪れたときには、サル会所の後ろの丘の祠に弁天・稲荷とともに義経が祭られていた。一尺余の木像が安置され、それは「戎衣を着け、鍬形龍頭の冑、緋縅金小札の鎧、世間伝へる所に異ならず」であった。その祠の後ろに義経社があり、義経の木像はもとここにあったのを前祠に移したのだという[35]。近藤重蔵はビラトリだけでなく、前述のクナシリ島の「甲冑材木」のような岩にも近藤は上陸し、「鎧岩」と記し、江戸近藤重蔵と自署した「木表」を立てていた（寛政一〇年七月九日[36]）。標柱や祠を建てて歩くのに得意の重蔵であったが、その自己顕示欲の強さが嫌われていた。近藤重蔵は自己の活動と結びつけながら、義経伝説を意識的に政治利用したひとりであった。

最上徳内も近藤に荷担したように窪田は書いているが、徳内は義経＝オキクルミ説には批判的だった。こまかい説明は省くが、「ウキクルミを義経とするの説、和人の付会に出で、ゑぞの旧来の伝にあらざることとしるべし」というのが、徳内の達した結論であった（『渡島筆記[37]』）。

たしかに、このように江戸時代にも義経の蝦夷渡り伝説を否定したり、ビラトリの義経社は近藤重蔵の作為、義経＝オキクルミ説は和人の付会とするような批判的な見解も存在したが、衰退することはなかった。蝦夷地の直轄など、対外的危機とともに外に膨張していく日本社会（幕藩体制）にとって都合のよい伝説としてますます流布・拡大していったのが実情であった。松浦武四郎でさえも世間のさまざまな論議のなかにあって、蝦夷渡り伝説を否認できず史実とみてしまうところがあった。このような支配的なムードのなかでは否定説は掻き消されてしまう。伝説の呪縛から解き放たれるには、近代の実証的な学問を俟たねばならなかったが、しかしそのことで終焉を迎えたわけではなかった。今日の北行伝説の蔓延状況をみればわかるように、歴史学・歴史研究とは別なところで妄想が膨らんでいる。伝説の解体の作業はさらに続けられなければならない。

注

（1）二〇〇五年のNHK大河ドラマ「義経」に伴って義経関係の出版物、新聞・報道、各種イベント、観光キャンペーンなどが繰り広げられた。そのなかで、義経が平泉で死ななかったとする義経北行伝説が盛んに流された。その現状については「蔓延する『義経北行伝説』——伝説をいかに解体するか——」（北海道・東北史研究会編『北海道・東北史研究』第2号、サッポロ堂、二〇〇五年）に述べた〈本書補論1〉。

（2）拙稿「義経『蝦夷征伐』物語の生誕と機能」『史苑』四二巻一・二号、立教大学史学会、一九八二年。その後拙著『幕藩体制と蝦夷地』（雄山閣出版、一九八四年）に再録。

（3）金田一京助「義経入夷伝説考」（『金田一京助全集』第一二巻、三省堂、一九九三年）。初出は一九一四年。

同全集十二巻には他の義経伝説に関する論考も収録されている。
（4）吉田武三校註『三航蝦夷日誌』上巻三〇六頁、吉川弘文館、一九七〇年。
（5）『御曹子島渡』は市古貞次校注『御伽草子』（日本古典文学大系38、岩波書店、一九五八年）による。奈良絵本・絵巻類の『御曹子島渡』ものは、『室町時代物語大成』第三、補遺一（角川書店、一九七五年、一九八七年）などに収録されている。
（6）『本朝通鑑』第九続編五、二七〇〇頁、国書刊行会、一九一九年。引用にあたっては漢文訓読の返り点や送り仮名は省略した。以下の引用においても同様。本稿で取り上げた近世の蝦夷渡り伝説の文献の多くは、岩崎克己編輯兼発行『義経入夷渡満説書誌』（一九四三年）に所収されている。関係箇所が引用されており通観するのに便利である。
（7）『北海道郷土研究資料』第五（快風丸記事）五～六頁、北海道郷土資料研究会、一九五九年。
（8）『日本庶民生活史料集成』第四巻三九一頁・四一〇頁、三一書房、一九六九年。
（9）高倉新一郎編『犀川会資料全』一四〇～一四一頁、北海道出版企画センター、一九八二年。
（10）『残太平記』、東北大学附属図書館狩野文庫所蔵版本（文政六年・一八二三版）による。引用にあたって振り仮名はとくに残しておきたいもののみにつけ、他は省略した。以下同様。
（11）『義経興廃記』、国文学研究資料館所蔵版本による。
（12）『義経勲功記』、秋田県立図書館所蔵版本による。
（13）『本朝俗諺志』、東北大学附属図書館狩野文庫所蔵版本による。
（14）『菅江真澄全集』第一巻三四四～三四五頁。真澄が引用した『上編義経蝦夷軍談』は、酒田市立光丘文庫所蔵の写本により、明和五年（一七六八）に刊行された滕英勝『通俗義経蝦夷軍談』であることを確認した。版本は未見。

(15)『近松全集』第六巻六三六頁、岩波書店、一九八七年。享保五年(一七二〇)に刊行された江島其磧『花実義経記』も、最後を「されば今にいたるまで神といはゐ奉り神事祭礼毎年おこたらずして。うぢ子日々にはんじやうし源氏の御代は万々歳にきはふ春こそめでたけれ」と締めくくり(『八文字屋本全集』第七巻四四五頁、汲古書院、一九九四年)、源氏の世を謳歌してみせる。

(16)『波響論集』一二六〜一三五頁の「資料影印」による。波響論集刊行会(代表北尾義一、井上研一郎)、一九九一年。

(17)『北門叢書』第二冊一一六頁、国書刊行会、一九七二年。

(18)『青森県史』第一巻一二八〜一三二頁、歴史図書社、一九七一年復刻(初版は一九二五年青森県発行)。

(19)可足は僧侶として江戸生活が長かったが、元禄一四年(一七〇一)京都大仏院養源院の住職となっている(『青森県人名事典』東奥日報社、二〇〇二年、篠村正雄執筆)。また、加藤謙斎は三河の出身であるが、京都に出て医を業としていた(『国書人名辞典』第一巻四八六頁、岩波書店、一九九三年)。二人は同時期に京都に住んでおり、岩崎『義経入夷渡満説書誌』は二人の相互の影響関係を考えられることだとしている(四八頁)。興味深い指摘で、可足筆記の成立年代とともに検討を必要としている。なお、「金史別本」の沢田源内偽作説は今もよく話題にされるが、岩崎がすでに否定していたように退けてよいものである。

(20)『新編青森県叢書』第一巻一三頁、歴史図書社、一九七四年。『津軽一統志』に『鎌倉実記』がいち早く取り入れられていることは注(19)と関連して興味深い。

(21)『仙台叢書』奥羽観蹟聞老志下一六五〜一七一頁、仙台叢書刊行会、一九二九年。

(22)たとえば、三厩・義経寺には延宝元年(一六七三)に住職が著したとする『竜馬山観音縁起』(寛政一一年・一七九九刊)があり、蝦夷地に渡る義経が正観世音を置いていったことになっているが、菅江真澄の『率土か浜つたひ』（天明八年・一七八八）が記す観世音堂の観音の由来はそれとは違い、不死・蝦夷渡り伝説とは関係がなかった。むかし越前国足羽某が、義経が戦いのさい兜に納めていた観音を三厩の問丸伊藤五郎兵衛に送っていたが、それを円空が伊藤の家で発見し、胎内仏として観音像を作り、堂を建てたという由来譚が語られている（『菅江真澄全集』第一巻四六六〜四六七頁）。

(23)『神道大系』神社編五一（北海道）一四〇頁、神道大系編纂会、一九八三年。

(24)『改訂増補故実叢書』九巻（安斎随筆第二・安斎雑考）一〇四頁、明治図書出版、一九九三年。

(25)『続太平記』、東北大学附属図書館狩野文庫所蔵版本（貞享三年・一六八六）による。

(26)『菅江真澄全集』第二巻一〇三〜一〇四頁、未來社、一九七一年。

(27)前掲『神道大系』五一、一五三頁。

(28)『仙台叢書・伊達秘鑑』上二六頁、仙台叢書刊行会、一九二九年。

(29)『平泉町史』史料編二、一一八頁、平泉町、一九九三年。また、『平泉実記』（寛延四年・一七五一）には「按スルニ、義経平泉高館ニ於テ自害ノコト、東鑑ノ説ニシテ盛衰記・義経記モ亦コレニ同ジ、然ルニ近代出ル所ノ諸書ニ、或ハ平泉ヲノカレテ蝦夷ヘオチ行、カノ地ニテ終ルトイヒ、或ハ蝦夷ヨリ金国ヘ渡ルトモイヘリ、是ミナ怪異牽強ノ妄説、信ズルニタラズ、故ニ今コレヲトラズ」（『平泉町史』史料編二、一〇頁）。

(30)『宮城県史』二七（資料篇五）一二頁、宮城県史刊行会、一九五九年。

(31)『平泉町史』史料編一、六七七頁、平泉町、一九八五年。相原友直もこの上棟文を『平泉雑記』などに紹介している。

(32)前掲『日本庶民生活史料集成』第四巻二六〇頁。

(33)『近藤正斎全集』第一、二四頁、国書刊行会、一九〇五年。

(34)『蝦夷日記』二二六〜二二七頁、山崎栄作編集発行、一九八六年。
(35)現在、平取町の義経神社に義経像が伝えられているが、近藤重蔵が寛政一一年(一七九九)に安置したものと考えられている(平取町史編集委員会『平取町百年史』、平取町、二〇〇三年、二六三頁)。
(36)前掲『蝦夷日記』一一六頁。
(37)前掲『日本庶民生活史料集成』第四巻五二四頁。

補論1　蔓延する「義経北行伝説」――伝説をいかに解体するか

1　「義経は平泉で死んでいない」

今年（二〇〇五年）のＮＨＫ大河ドラマが「義経」ということもあって、源義経に関連する書籍・雑誌、新聞記事、テレビ番組、旅行企画などが昨年から今年にかけて世の中に溢れている。どれほどの情報量が流れているのか把握することはとてもできない。インターネットでよく利用されているヤフーで検索してみると、「義経伝説」約一一万三〇〇〇件、「義経北行伝説」が約八万三八〇〇件という、驚くような数字が出てきた。「義経」だけなら約二九三万件という膨大な数字である（一〇月六日現在、なおニフティの検索では「義経伝説」約二万二二〇〇件、「義経北行伝説」約九一六件）。マス・メディアや観光業にリードされた商業主義的な側面が大きく、本当のところそれがどれだけの深さと広がりをもって人々に迎え入れられているのか疑ってみるべきだが、それを割り引いても義経は現代の世でも悲劇的なヒーローとして国民的人気があるということだろうか。

大河ドラマ「義経」は最初の数回しか見ていない。書店に行くと義経本の類が少なからず目にとまったが、歴史研究者の書いたものはともかく、またぞろ北行伝説の垂れ流しかと思うとうんざりし、中を開いてみようという気持ちはこの夏まで起こらず無視していた。もう二〇年以上も前になってしまったが、幕藩制国家と蝦夷地（アイヌ民族）との関係論から義経の蝦夷渡り伝説に関心を持ち、金田一京助らの仕事に導かれながら、その伝説が江戸時代になってなぜ生まれ、どのような性格をもっていたのか考察してみたことがある（「義経『蝦夷征伐』物語の生誕と機能」『史苑』四二巻一・二合併号、一九八二年。のち『幕藩体制と蝦夷地』雄山閣出版、一九八四年に所収）。蝦夷地で「王」となり「神」となる義経像はそれがいかに善意・平和を装っていても、アイヌ社会への侵入である以上害悪以外のものではありえないように思われた。近世史分野での批判的な論考としては今でも数少ないものの一つであろう。その後は、ひとりよがりの虚妄な伝説に時間を費やしてばかりいられないし、結果的に北行伝説の片棒をかつぐことになるのも嫌だったので、必要以上に語ることは意識的に遠ざけてきた。それがよかったかどうかはわからない。

九月の初めだったが、新幹線のなかでたまたま、「特集『義経北行伝説』を旅する」と題した『トランヴェール』二〇〇五年九月号（第一八巻第九号）を手に取った。ＪＲ東日本の新幹線に乗って少し得をしたと思うのは、毎月発行されるこのＰＲ雑誌の特集記事やエッセイがけっこう面白く暇つぶしになるからである。このときはさすが黙殺するわけにはいかず開いてみようかという気持ちになった。まず飛び込んできたのは、高橋克彦の「義経の真実」

という文章であった。その書き出しの一行に「義経は平泉で死んでいない」と書いてあった。唖然とした。

『炎立つ』『火怨』などの作品で、全国的にも知名度の高い作家である。盛岡在住ということもあって東北地方ではとりわけ文化的影響力の大きい人である。読んでみると、平泉を逃れた義経の北行の足跡は「一本の道に綺麗に繋が」っており嘘や作り話ではない、ロマンと一蹴するのは東北の隠された歴史を否定することになる、といった趣旨のことがわずか一〇〇〇字足らずの文章のなかで展開されていた。「東北は常に敗者の側にある。歴史は常に勝者のもので、敗者のそれは著しく歪められ、抹消される」という東北敗者史観が披瀝され、敗者の抹消された東北の歴史は伝説のなかにこそ隠されている、伝説は信憑性があり真実を含んでいる、というのである。作家の筆致にはかなうべくもないが、東北人による東北人への語りかけとして、しごく受け入れやすいメッセージとなっている。

伝説の義経逃亡コースが「一本の道に綺麗に繋が」っているように見えるのは、「村里の旧家・社寺などを訪ね、位牌や苔むした古碑までを探索する義経研究の日々を重ねて後半生を送って来た」と述懐する佐々木勝三のような、義経伝説に魅入られてしまった人たちの熱意・努力があったからに他ならない。やや長くなるが、佐々木は「従来の日本の歴史は、皇室を中心とした朝廷の歴史、もしくは権力者を中心とした支配者側の歴史が絶対とされてきた。ところが第二次世界大戦後、歴史の見直しが始まり、平泉で死んだ筈の義経や弁慶が、蝦夷地に渡る途中、この村に来たとか、どこそこに止宿したとかの資料や遺跡が、岩手から青森、北海道にかけて続々発見されるようになった」「時の権力者の作った歴史を信じる者は『玉葉日記』と『吾妻鏡』を楯にとって、これ等の遺跡を簡単に否定してしまう。だが、原生林の中の狐狸の道、家影だにない八百年前の村里に、素朴な東北人が護り伝えて来たこれ等の遺跡を、単純に否定し去ることは出来ない筈である」などと述べていた（『義経北行の記録』の序文、あづま書房、仙台、一九八五年）。東北人のある人たちにとっては、「北行伝説」が戦後の解放感のなかで東北の復権、自己主張の拠り所となったことを示している。

権力者の歴史と東北の歴史を対比し、東北の伝説に埋もれていた真実を発見しようとする佐々木の態度は同じ岩手県人というのでもなかろうが、高橋のそれにしっかり受け継がれていることがわかる。高橋の右の言説は独創でも何でもなく、縛られているある種の負の意識の共有から発意されているのであり、「北行伝説」の語りは偽書として世間を騒がせた『東日流外三郡誌』の、大和の国家への対抗史観とも共鳴しあっている。さらにいえば「白河以北一山百文」をよく口にしたがるパターン化した心情にも通じていよう。

2　観光キャンペーンのキャッチフレーズ

ややや議論を急いでしまったが、『トランヴェール』誌は「『義経北行伝説』が語るもの」という記事でも、「義経は生きて平泉を旅立った」、「義経は平泉では死ななかった」「これ（義経北行伝説）を単なる伝説と呼び捨ててよいものかどうか」「何百年にもわたって、みちのくの人々を中心に、ささやかれ続けてきた伝説だったのだろうか」「ある種の現実味と重みが感じられる」といった言葉が踊っている。この伝説を「明確に裏付けてくれる、歴史的な資料は存在しない」とは一応書かれてはいるものの、作家高橋の口調に沿って、北行伝説が何か本当の歴史を示しているかのような幻想を抱かせる文となっている。高橋は、ロマンと一蹴するのは東北の歴史の否定だとまで言い切っているわけだから、北行伝説は嘘かもしれないが歴史ロマンだから面白いといった、おそらく多数を占めていそうな義経ファンに対してすら、信じよと覚悟を迫っているのである。

この雑誌には「義経北行伝説」を訪ねるガイドまで親切に載っていて便利なのだが、このような特集を組んだのは、他ならぬＪＲ東日本が義経にあやかり企画した旅行キャンペーンの一環であるのはいうまでもない。どんな企画なのか気になって宣伝パンフレットの類を集めてみると（九月末〜一〇月初）、「義経伝説紀行」（鎌倉・平泉・最上・北行伝説）、「ジョイフルトレイン義経北行伝説号」（仙台・釜石間、列車の旅）、「紅葉と義経ゆかりの湯」（宮城・山形・福島）、「ＳＬ奥州義経号」（一ノ関・盛岡間）、「きらきらみちのく青森ガイド」（義経伝説を歩く、下北・青森・八戸編）、他にこれは協力であるが「大河ドラマ義経ＦＭウォークｉｎ江刺」というのもあった。これらは簡単な義経「ゆかりの地」のガイドになっており、「大自然のなかに息づくロマンの世界。自害したといわれる義経の幻影が『北行伝説』を生みました」「みちのく各地には『義経は本当は生きていた』という義経北行伝説が今なお語り伝えられています。歴史の光と影そして義経の面影を追いながら、深く色づく義経ゆかりの地をめぐる旅をしてみませんか」などといった文言がカラフルな綺麗な写真とともに誘いかけている。

観光宣伝といえば、行政も一役買っている。青森県が発行した「義経北行伝説を行く源義経北からの手紙」というパンフレットが手元にある。現物は見ていないが、八戸市でも「八戸源義経北行伝説」の観光マップを作成し配布したという。人集めのイベントも右のウォークｉｎ江刺だけでなく、義経伝説を持つ市町村が集って「義経サミットｉｎ平泉＆コンサート」が平泉町で去る五月に開催されている。最近少し注意して見ているだけなので、他にもいろいろある（あった）のだろう。地元の新聞社も義経伝説ものの連載記事を掲載している（たとえば河北新報社「みちのく義経紀行」四月〜五月）。ＮＨＫ、ＪＲ東日本、観光協会、地元新聞社、そして行政が一丸となって、コピーライターの人たちの筆力を借りて、義経北行伝説に狂奔している様が浮かんでくる（というより誘客合戦に一所懸命であるというべきであるが）。それだけNHK大河ドラマの影響力が大きく経済効果を見込めるということであろう。さて、その観光宣伝の結果はどう出ているのか。『河北新報』二〇〇五年一〇月五日号は『「義経」効果観光地沸く」というニュースを伝え、義経最期の地である岩手・平泉では観光客前年比三五パーセント増であるという。しかし、北行伝説を売り込む青森県では観光客はあまり増えていないようだ。ただ愛知万博が終わり、これからの紅葉のシーズンに向けての誘客はさらに過熱しそうである。

距離をおこうとしていたために、「義経北行伝説」利用の熱狂的ともいえる努力がこれほどまでになされているとは当初思ってもみなかった。『トランヴェール』誌の有名作家の文章に唖然とし、「義経北行伝説」が史実であったかのように語られていくことに、「北海道・東北史」研究は黙過していられない、ある種の焦燥感のようなものをつよく抱いた。もちろん一過性のイベントに過ぎず、ことさら大仰に捉える必要がないというのが大方の意見かもしれない。しかし歴史研究の営みとはあまり関わらないところで、思考を停止させるようなインパクトのあるフレーズが一方的に大量に次々流されて、北行伝説は真実、史実であるという虚偽のイメージが人々の歴史意識に根付いてしまう恐れは十分にある。しかも、虚・実の境目がぼかされ、虚のみが一人歩きしていくような情調は北行伝説だけでなく、いろんなところに蔓延しはじめているのではないか、そのことに歴史学が自覚的になっていないと足を掬われかねないように思われる。

3　義経北行伝説の垂れ流し

『トランヴェール』誌の特集のようなムードが書籍・雑誌の出版を覆い尽くしているのが気になって、義経北行伝説を取り上げている書籍・雑誌をビジュアルな一般向けを中心に何冊かまとめ買いした。①『京から奥州へ　義経伝説をゆく』（河北新報出版センター、二〇〇四年七月）、②『義経　史実と伝説をめぐる旅』（日本放送出版協会、二〇〇四年一一月）、③伊藤孝博『義経　北行伝説の旅』（無明舎出版、二〇〇五年四月）、④『週刊義経伝説紀行』第二九号・三〇号（日経BP社、二〇〇五年七月）が手元にある。また、ビジュアル本ではないが、森村宗冬著『義経伝説と日本人』（平凡社新書、二〇〇五年）が唯一「義経北行伝説」に批判的な切り込みをしていたように思えたのでこれも一緒に買った。

これらの出版物をめくってみると、「高橋克彦と歩く《義経北行伝説》」（②）、「義経とわたし高橋克彦さん」（④二九号、弁慶の立往生）という記事があり、この作家はいまや「北行伝説」の導き人として引張り凧のようである。ここでも、ひとつの線につながる伝説の道ができているのは世界に例のないことで、「義経北行伝説は真実を伝えたものであろうとの考え方をずっと持ってきました」（②）とか、「義経の死を残念がって捏造した伝説だ」とみるのは正しくない（④二九号）、といった趣旨のことを述べている。②は「義経は平泉で死なかった！　作家・高橋克彦はそう断言する」と書いているから、もはやそのように信じ切っているのは明白である。

④三〇号（よみがえる義経）は「津軽海峡」がテーマとなっているが、「伝説と史実のはざまに風雲児義経は生きつづける」というメーンをなす文章（中津文彦執筆）をみると、高橋に同調するかのように、「たしかな足どりが、義経はやはり生きていたんだ」「リアリティーに富む義経の北行伝説」、「『史実』にはならない義経伝説の真実味」などといった見出し文句が並んでいる。鎌倉幕府の圧政にあえぐ民衆が、権力に敢然と立ち向かった義経に「思慕と敬愛の念」を持ち、生きる望みにしたと解釈（＝想像）してもみせている。

ここにあげたなかでは、最もボリュームのある③は、義経脱出伝説を史実とする論証のなかには首をかしげたくなるものがあるとしながら、基本的なスタンスは義経の生死は「今となってはどちらとも分からない」、「伝説を語り継ぐ人々に、義経は確かに生き続けてきたという現実」、「義経北行伝説を育み支えたのは、まさに東北の風土そのものだった」（以上、あとがき）とするところにある。残る①は義経を「時空を超えて生きる英雄」とし、英雄の悲劇性と民衆の愛惜という型どおりの説明をしているのは陳腐でさえあるが、「義経生存説はかなり早く、室町時代から語られていたらしい」と、根拠もなく伝説の古さを印象づけようとしている。これらの北行伝説についての語り口をみると、史実であると断言しているのは少ないにしても、キャッチフレーズ化した文体の過剰な情緒性と強迫性は、ムードとしての北行伝説の実体化を促進しているのは明らかであろう。そしてこれらの文章に共通しているのは、北行伝説が語られ利用されてきた負の遺産についてはまったく口をつぐんでいることである。自己陶酔の美しき物語でなくてはならないのである。その世界に伝説と史実の峻別する歴史学者など夢を壊す者たちを立ち入らせることはない。

そうしたなかで、森村の『義経伝説と日本人』は義経の生存説を江戸時代中期以来三百年にわたる「運動」の歴史として捉え、近世・近代のなかでどのような意味をもってきたのか歯切れよく論じた本であった。「『判官びいき』はもう止めませんか?」という提案はまったくその通りに思う。「義経生存説運動の開始」期(一八世紀前期)にできあがった蝦夷渡りの義経像に「義経蝦夷共和国(北方共和国)」の完成を見たり、「民衆の願望と義経への優しさが、死後の義経を膨張させた」と述べていることなど賛成できない点もあるが、「判官びいき」に「反動としての敗者復活・自己肥大化幻想」の「非合理的なネガティブ感情」を読み取り、義経＝ジンギスカン説にまで発展した義経北行伝説が日本のナショナリズムや軍国主義と結びついてきたことを反省し、今後もそれが集団的に発せられるときファシズムに繋がる危険性があると指摘する。判官びいきははっきり「害毒」だというのである。前述の高橋や佐々木の東北人の北行伝説への思いは、森村の言にしたがえばまさに「敗者復活・自己肥大化幻想」に他ならないことになる。

4　義経北行伝説の解体のために

義経北行（蝦夷渡り）は史料批判（実証）のなかから導き出された仮説としてあるのではなく、後世に不死（生存）伝説が語られるようになってから、それを真実と思い込む心性が自説に都合のよいように史料を解釈し想像を膨らませているだけのことにすぎないものである。中世史家がまともに相手にしないのはそのためであり、その落とし穴にはまらないのは学問的な方法の手続きを踏まえているからである。伝説が史実であるかのように語られることに対してはきちんと批判しなくてはならない責任がある。しかし歴史学の批判を意に介さないところで妄想が一人歩きしている義経北行伝説の洪水現象をみれば、歴史学の役割がそれだけではきわめて不十分であることは明らかだろう。

北行伝説は江戸時代中期に生成し、その後の日本史の展開のなかで政治的な色彩を強く帯びた伝説として自己展開し発展を遂げてきた物語である。良くも悪しくも日本人のある人々の精神文化の営みが作り出し、積み重ねてきた物語である。その意味では北行伝説は近世史および近現代史の分野が扱うべき問題である。文学的領域の説話研究に狭めないでひろく精神史ないし思想史の重要な一環をなすものとして捉え、伝説(物語)を通して何がどのように語られてきたのか、当然作者の作為性・意図がからんでいることであるが、時代状況との相互関連のなかで精細に解き明かしていくことが必要である。森村のような仕事は本当は歴史学が引き受けなくてはならないのである。そうした伝説研究をここでは解体化の作業と呼んでおきたいが、義経北行伝説に関していえば、さしあたり次の二つの問題に意識して取り組まなくてはならないと考えている。

一つは義経北行伝説はよくその論者によってステロタイプ的に語られることであるが、民衆が作り出した伝説なのかという疑問である。そもそも民衆とは一体何者なのか、庶民などと言っても同じであるが、そのように十把一絡げに言ってしまってもなかなか顔が見えてこない。この議論にはひとまず入り込まないでおくが、義経北行伝説(蝦夷渡り伝説)の場合、民衆というより権力側の支配層に属する学者、あるいは三都の文化的ヘゲモニーを担う作家・知識階層によってたまたま「発見」され、新たな物語として生成され、肥大化していったという経緯がある。民衆的な伝説に思えてしまうのは、新たな物語が下降し広まったのであるのを、その結果から民衆が伝承した、あるいは生み出したかのようにみてしまっているからである。

反論が予想される。東北・北海道の民衆のなかには義経に対する愛惜があり不死・生存の北行伝説が「むかしから」語られていたのではなかったのか、それに中央の学者・作家が飛びついたのではないかと。北行伝説が生まれる前に、御伽草子『御曹子島渡』系統の、若き日の義経の蝦夷渡りの説話が存在していたことは確かである。しかし、その御曹子物語と北行伝説は蝦夷渡りという発想は共通していてもまったく別の筋道の物語であって、東北・北海道の民衆および地域権力が不死北行伝承を中世からはぐくみ伝えていたという証拠は今のところ一つも知られていない。北行伝説の生誕にはシャクシャイン事件が大きくからんでいたと思われるが、フィルターのかかった蝦夷地情報の選択から見い出され、上述の経緯をたどっていった伝説とみるべきである。この点については、「義経蝦夷渡り伝説の生成をめぐって——民衆・地方が作り出したのか」(『研究年報』三九号、宮城学院女子大学キリスト文化研究所、本書第一章)に改めて論じてみたので、詳しくはそれを参照していただけると幸いである。

二つにはあまり手つかずのことであるが、東北・北海道地域に一本のルートができあがるかのように存在するという、各地の伝説の一つひとつがいつ、誰によって語られたのか、そしてその語りがどのように変化を遂げてきたのか、丁寧に解きほぐすという作業が必要である。郷土史・地域史に即しながら伝説の解体をそこまでやらないと、北行伝説を史実かのように語り続ける人たちに対して有効ではない。まずは、近世史研究に携わってきた者としては江戸時代の東北・北海道地域の文献史料に記載された義経伝説・義経北行伝説なるものを悉皆的に集めていくことから始めなくてはならない。岩崎克己という人の『義経入夷渡満説書誌』（一九四三年、自刊）が今でも信頼のおける関係箇所の抜粋集として役立つ文献であるが、これにいつまでも依拠しているわけにはいかない。

ただ近世だけでは時代の射程としては短く、近現代のほうがさらに重要であるように思う。柳田國男の提唱もあって郷土研究がさかんになったが、その担い手たちの取り組んだ少なくない部分が伝説であった。伝説を聞き出し、記録するとはどういう行為なのか、具体例に即して詰めて議論しなくてはならない。伝説を捻じ曲げたり、創作・捏造してしまっている場合だってありうる。また、伝説研究がその時代のナショナリズムや地域主義と結びついて展開していたのもその通りである。地道な解体作業によって、北行伝説の展開のプロセスが暴かれるとき、はじめて虚妄の伝説に終焉をもたらすことができよう。

大河ドラマ「義経」がどのような最期を遂げるのか、そこだけは見届けておこうと思う。虚妄の義経北行伝説キャンペーンのなかで考えたことを述べてみた。〔二〇〇五年一〇月記〕

第二章

『通俗義経蝦夷軍談』の歴史舞台と蝦夷知識

はじめに

島津久基『義経伝説と文学』によると、義経蝦夷渡りの文学化は近松門左衛門『源義経将基経』（宝永三年〈一七〇六〉）が最も古いだろうという。馬場信意の『義経勲功記』（正徳二年〈一七一二〉）がそれに次ぎ、以後の義経ものは蝦夷渡り伝説を取り入れた作品がほとんどで、高館において義経を死なせたのは二、三種にすぎないと指摘されている。[1] それほどに義経の蝦夷渡りは旺盛に語られ、小説・草双紙あるいは演劇（戯曲）を通しても、その物語・伝説が人々の間に浸透していったことになる。近世における物語の発展は義経を蝦夷地から満洲へ渡らせ、さらに成吉思汗（ジンギスカン）に結びつけていくことにさえなるのである。[2]

ただ義経蝦夷渡りといっても、当初は義経の一代記に付け足されたもののようであって、渡海後の具体性に欠ける物足りなさは否めなかった。その点で、明和五年（一七六八）に刊行された滕英勝『通俗義経蝦夷軍談』は蝦夷に渡った義経の蝦夷征服物語を主題としたはじめての本格的な創作となった。元禄・享保頃より、「通俗軍談」ものが続々刊行されていくので、その影響を受けた軍談記であった。[3] 著者の滕についてはほとんど知るところがない

が、『朝鮮年代記』なる書物も著している。(4)

この『通俗義経蝦夷軍談』がどの程度に読まれ、影響を与えたのかはわからないが、刊本だけでなくその写本も知られており、(5)それなりに読者がいたものであろう。以前にも触れたことであるが、菅江真澄がその日記(遊覧記)のなかに『上編義経蝦夷軍談』の題名で、その一部を抜粋して紹介していたことはそれを裏づける例といえる。(6)真澄が上編としているのは、『通俗義経蝦夷軍談』の最後に、その後の義経による未曾久の乱鎮圧の始末を後編に載せたとあるからだろう(ただし刊行されなかったか)。しかも真澄はその後も時おり引用し、義経の蝦夷渡海後の戦いを最も詳細に物語った、参照すべき書物と認めていた。

本稿では改めて菅江真澄と『通俗義経蝦夷軍談』との関わりを吟味してみるとともに、この軍談記がどのような「蝦夷」(蝦夷地・蝦夷人)情報・知識に基づいて形づくられているのか、物語の素地ないし背景にあるものを明かにしてみたい。このことは一八世紀半ば頃の近世日本社会(日本人)の「蝦夷」認識あるいは北方認識をあぶりだすことにもなるはずである。

一　菅江真澄と『通俗義経蝦夷軍談』

東北・北海道を旅した菅江真澄は各地で源義経主従に関わる伝説・物語を見聞すること

になった。真澄自身もそのことに興味を覚え、日記や地誌、随筆などに少なからず書き留めている。巻末の付表はその一覧である（以下、真澄全集からの引用箇所はこれによる）。源頼朝の討手に追われる義経一行が山伏姿となって奥州平泉の藤原秀衡のもとに逃れ落ちてきたが、越後から出羽にかけての道筋には義経・弁慶が置いていったという古笈や自筆の法華経などが残っていた。また、秀衡の跡を継いだ泰衡が義経のいた衣川館を急襲したが、義経はそこで自害せずに蝦夷へ逃れていったという蝦夷渡りを物語る古跡・由緒などが拾われている。

それらのうちでも、津軽の足羽観音、松前の小山判官、秋田の三貫桜（銭掛け桜）、同じく秋田の鈴木三郎重家などについての土地・家に伝わる物語はとくに真澄の関心を引いたと思われ、詳しく内容を紹介し、再三にわたって書いているものもあった。また、平泉における義経の最期の様子が語られた『清悦物語』、および義経が死なずに平泉を脱出してから蝦夷平定までの次第を書いた『上編義経蝦夷軍談』（単に『義経蝦夷軍談』とも記す）も度々引用していた文献であった。右のうちすでに検討を加えた伝説もあるが（第一章・第三章参照）、ここでは『上編義経蝦夷軍談』を真澄がどのように受け止めていたのか吟味しておこう。

菅江真澄が最初に『上編義経蝦夷軍談』を書き記したのは、初めて平泉を訪ねた天明六年（一七八六）一月二〇日のことであった。青森まで行きながら松前渡海をひとまず断念した真澄は、南下して仙台藩領に入り、その頃は胆沢郡六日入村の鈴木常雄や同郡徳岡の村上良知の家に滞在していた。この日良知の弟良道や常雄らと一緒に衣川から中尊寺へと歩き、九郎判官の館の跡という高館の義経堂にも登ろうとしたが、雪がたいそう深く、再び訪ねることにした。そう記したあとに、義経の最期あるいは蝦夷渡りのことについて『清悦物語』と『上編義経蝦夷軍談』を長々と紹介している。親しくなった鈴木常雄あるいは村上良道などのうちの誰かが真澄に見せ、それを読んで筆記しておこうという気持ちになったのだろう。

真澄は両書の紹介に先立って、義経が文治五年（一一八九）閏四月二九日、妻子を殺害して自害、御年三三、通山源公大居士と彫った霊牌は衣川邑の雲際寺に納められていると記しているので、義経が平泉（衣川）で死んだというのが地元のふつうの受け止めであり、真澄もそのように考えたに違いない。『清悦物語』は、義経の近習であった清悦なる者が山中で山伏に「にんかん」なる魚を馳走されて長命を得て寛永七年（一六三〇）の夏まで存命し、むかし体験した文治の奥州衣川の合戦、高館落城の次第を語ったのを小野太左衛門という人が書き置いたとするもので、(7) 地元では当時よく知られた物語であっただろう。真澄は義経最期の場面を引用する。義経が増尾十郎権頭兼房を召して、自ら金念刀で腹十文字に切り、兼房に首を切らせる。兼房も腹十文字にかっさばいて五臓をつかんで取り出し、その腹のなかに義経の首を押し隠して息絶える。そして、清悦と常陸（坊）の近習二人が御所に火をかける。このように清悦なる者を通して語られた義経の最期は平泉の地で確実に死んでいるのであって、その点では義経蝦夷渡りの言説が生まれる前の物語ということになり、その言説が生まれたあとも義経の平泉での死を物語るものとしてあった。こうした土地柄からは義経の蝦夷渡りの物語は生まれようがないのではなかろうか。

　真澄はその一方で、義経が死なずに高館から蝦夷へ逃亡したという『上編義経蝦夷軍談』を長文にわたって抜粋している。物語のあらましは次節にまわすとして、その抜粋した所をあげてみると、①高館落のくだり（杉目太郎行信が義経の身替りとなって自害、兼房が即時に介錯、常陸坊海存は兼房を介錯後に落ち行く〈巻之一〉）、②「泰衡攻泉三郎忠衡ヲ」のくだり（腰越の浦での首実検、頼朝の命により泰衡が泉三郎忠衡を攻める、忠衡・郎党は自害の体と見える〈巻之五〉）、③「忠衡密渡蝦夷ニ」のくだり（忠衡は津軽深浦へと落ち行く、義経の御台所らと合流し深浦出船、途中の小泊で義経主従が松前に上陸し白紙鼻にいると聞く〈巻之五〉）、④「海存、尚勝帰于日本ニ」のくだり（義経は上《カミ》の国に凱陣し志夫舎理《シブシャリ》の勝軍を祝う、常陸坊海存は駒形獄に帰り仙道に入るとして御暇、秋田次郎尚勝も仇敵丹呂印《タムロイム》を討ち暇乞、上の国で嶋麿君誕生〈巻之十〉）。⑤泰衡の最期（泰衡が家人河田次郎に討たれたと聞く、義経は未曾久《ミソク》の乱を静め蝦夷一統〈巻之十〉）、の五カ所である。義経やその郎党らによる蝦夷との具体的な戦いの場面などは省かれているが、高館城を忍び出た義経のその後が、忠衡や常陸坊、尚勝らの動きも含めて、おおよその輪郭がつかめるような引用となっている。

真澄が記しているこの一連の文章の最後にある、「さりけれ(ど=脱)御家人身方、みな命をまたくし蝦夷国を治めたまひし。うべも、平家の入水せし人々の末今も処々に在るを見て、その世ぞしのばれたる」の部分は『通俗義経蝦夷軍談』[8]にはなく、真澄自身が書き添えたものである。壇ノ浦で入水した平家の子孫が今も所々に存在しているのをみれば、義経の主従が生き残って蝦夷国を治めたとしてもおかしくはない、といったような想像を真澄が巡らし、この軍談を作りごとのフィクションであると否定するような考えは窺われない。地元のそれまでの語りとは異なる目新しさに、真澄もまた心動かされ、その後の真澄の義経蝦夷渡りの真偽の判断に尾を引いていくこととなった。

同年四月八日(九日)、真澄は正月には諦めた義経堂に登っている。右の『かすむこまかた』の記述を受けて、ここにも『清悦物語』や『義経蝦夷軍談』の名を出し、義経のことを詳らかに書いた『義経蝦夷軍談』という「いくさの書」には、泉三郎忠衡、また金剛別当秀綱、亀井、片岡以下御家人がみな松前に渡り、秋田治郎尚勝が兵糧を運送し、この人たちが大いに戦って蝦夷を治め、上ノ国で若君の嶋麿が誕生したとみえると書いている(『はしわのわか葉』)。ここにも義経主従の蝦夷渡りに興味津津の真澄のすがたがあり、自身もまた松前に渡りたいとの思いをいっそう募らせる一因になったのかと推測される。

その後念願の松前に渡った真澄は、蝦夷島でも当然ながら義経の名を耳にすることとなった。アイヌの人々は判官義経のことをヲキクルミであるとして今の世でも畏敬しているると語られていた。あるいはそれと違って、アイヌの人々が判官として畏怖して神に祀っているのは小山悪四郎判官隆政のことで、蝦夷の国の戦いでは鬼神の振る舞いをして勲功のあった人なのだと語られていた。真澄はこれについて、小山党は双頭の巴形を家の標とし、アイヌはその巴を貴んでさまざまな調度に三巴を刻んで家の護りとしていることから判断するなら、判官すなわち小山隆政説が妥当かと考えた。そうすると、「源九郎義経の、ゆめ此嶋へ渡給ひしよしのあらざめれど、義経の高き御名をかりにかゞやかして、蝦夷人らをびやかしたる、名もなき、ひたかぶとのものの、をこなるふるまひにてやあらんかし」(甲冑に身を固めた者たちが、義経の高名を利用してアイヌの人々を脅かしたまでの愚かな振る舞い)ということになって、そのためにアイヌは小山判官と九郎判官のどちらなのか混乱することになった、と解するのであった。

真澄はここでは明らかに義経蝦夷渡り否定説に立っていることになるが、しかし、当時の義経物語の流行に立ち向かえたのではなかった。というのも、「源の九郎義経この嶋渡したまひしとは、むかしいまの世かけて、もろこし人までもすでに知れり」などともっぱら言いふらされていることからすれば、「さるゆへもあらんか」と躊躇するのであった。また、秀衡が死にぎわにあたって義経を枕上にすわらせて「錦の袋を、なとき給ひそ、世にものうき時は此ひもときて、いかにもなり給ふべし」と遺言し、その袋のなかの書には「蝦夷の千嶋へも渡りおはしたまへ」と書いてあったとする「みちのく物語」が思い起こされ、義経の蝦夷渡りを否定しきれない気持ちが表れている（寛政四年〈一七九二〉五月二九日条、『蝦夷迺天布利』[9]）

ただ、ここにいう「みちのく物語」とは何をさしているのであろうか。右の『上編義経蝦夷軍談』の真澄の引用箇所にはみられないが、元の『通俗義経蝦夷軍談』によると、秀衡が義経蝦夷逃亡の計略を記した遺書を渡したのは家督の泰衡となっており、遺書はかたく緘され、進退窮まったときに開いて見るようにと教えられていた。「錦の袋」に入った遺言を義経が直接受け取ってはいないので、『上編義経蝦夷軍談』を実際に見ながら書いたのではない。秀衡が泰衡もしくは義経に対してそのような計略を示したとするのは『上編義経蝦夷軍談』に先行する文献（『義経勲功記』『鎌倉実記』など）にあることなので、それらに拠った可能性もあるが、他に書名があげられていないので、『上編義経蝦夷軍談』の記憶違い、あるいは人々の語りの記憶が混じっての「みちのく物語」なのでなかろうか。

晩年の真澄は秋田藩領の地誌の編纂に集中し、また学問の集大成として考証を加えた随筆『布伝能麻迩万珥《ふでのまにまに》』の執筆に取り掛かる。そこでも『清悦物語』や『上編義経蝦夷軍談』が活用されている。『雪の出羽路』平鹿郡十二の「杉目村」の項では、「義経蝦夷軍談上編九巻常陸坊海存遇義経」というくだりが使われる。常陸坊海存は義経高館落ちの後も留まって戦い、自害した杉目行信、増尾兼房を介錯してから、館を忍び出て、蝦夷へ渡った義経に追い付こうと津軽を志したが、駒形が獄を通ったとき老翁（異人）に行き逢った、という箇所を引用し、杉目村はその杉目行信と「ゆゑよしある処」にやと指摘している（⑥四八五頁）。先の『かすむこまかた』の引用箇所とは異なるので、真澄は『上編義経蝦夷軍談』の筆写本（あるいは抜粋メモのようなもの）を別に持っていたことになろうか。

また、『月の出羽路』仙北郡一では『清悦物語』の内容を『かすむこまかた』以上に詳しく紹介している。「仙北」の地名とからめてのことであるが、頼朝軍に擒になったとする仙北次郎や、仙北領に存命したという常陸坊海存の話が取り上げられ、さらには清悦と伊達政宗にまつわる話などにまで及んでいる。『清悦物語』には異本があるといい、真澄は秋田領でも手にすることがあったのであろう。この『清悦物語』から『義経蝦夷軍談』に話題が移り、その書には、平泉で討死した人たちがみな身を潜めて隠避し、「蝦夷国に渡りたりし事うべうべしう」書かれているとしたうえで、「常陸坊海存遇義経」というくだりと、「海存尚勝帰于日本」というくだりから、常陸坊海存の記事を引いている。どちらも先に述べた箇所なので省略するが、仙北、駒形峰（駒形嶽）、常陸坊というつながりでの真澄の関心であった。

真澄は『布伝能麻迩万珥』でも仙術を得た常陸坊に拘りをみせ、『清悦物語』がその実在の根拠として使われている。仙北の奥の駒が嶽では杣・樵夫らが折に見ることがあるとか、仙台の青麻権理（権現）は仙人権現で海存の生霊を斎るなどという人のあることを述べたあとに、「みちのく」の『清悦物語』を詳しく引き（とくに清悦と政宗のこと）、このような物語があるのであれば「海存が神仙と化りしといふ事、そのゆゑよしなきにもあらじかし」と、海存神仙説を肯定するようになっていた（「阿袁蘇神仙《アヲソノカミ》」）。いっぽうの義経の蝦夷渡りについても、かつて高館の旧跡に登って義経堂に額ずき、君の霊像をみながら昔を語って涙を流したときのことが取り上げられている。真澄がすでに『蝦夷迺天布利』に書いていたことでもあるが、義経が秀衡から渡された「錦の袋」の遺言にしたがって、身代わりの首を鎌倉に贈り自らは島渡りしたと断定的に記している（「いつくしの滝」）。真澄は道南（松前・蝦夷地）を歩いた頃は、義経の蝦夷渡りなどありえないことだと一方で強く思っていたのであるが、その面影はもはや感じられない。『清悦物語』と『上編義経蝦夷軍談』の間には、前者では義経が平泉で死に、後者では死なずに蝦夷に渡ったとする点で大きく異なっていたが、そのギャップを突き詰めるようなこともなかった。真澄は強固な義経蝦夷渡りの言説から結局のところ抜け出すことができず、常陸坊の神仙物語のほうに引っ張られ、からめとられていったと評価するほかない。『上編義経蝦夷軍談』は創作・虚構にほかならないが、真澄にあっても文学（物語）と歴史（史実）が弁別できずにあり、真澄の史実考証に過大な期待を寄せてもいけないということだろう。

二　物語の概要と構成

それでは、『通俗義経蝦夷軍談』の物語世界に分け入ってみよう。全文の翻刻はすでに梅原達治氏によって行われているので、おもにこれに拠って以下述べていきたい。(10)

明和五年（一七六八）九月の「平安　桃林主人識」とある凡例には、この軍談刊行の経緯が記されている。元京師の書林某がある人から家蔵する『蝦夷記』三巻をたまたまみせてもらう機会があった。東奥松前の好事の人が編集したものとみえて方言野鄙、言語不通のことが多く、読むに値しないように思われたが、事跡、人名、地名などは事実に近く、義経蝦夷渡りの始末を具に記していたので、それを潤色増補して『通俗義経蝦夷軍談』と題したというのである。坊間には『義経蝦夷軍談』なる一書が繕写されて流布し、義経がキグルミ大王となり子孫がその地に現在しているなどと述べるものがあるが妄談にすぎず、同名異書に惑わされてはいけない、と出版の意図を語っている。ここには松前人による原著があるかのように書かれているが、以下にみる蝦夷の地理、人名などからしてもっともらしくみせかけるための嘘だろう。また同名異書が存在するとしているが、後世には同名異書が知られるものの（永楽舎一水『義経蝦夷軍談』）、同時代となると疑わしいのではないか。迂闊に信用できない(11)。

最初にどのような物語なのか、巻之一から巻之十までを全体の流れがつかめる程度にやや詳しく紹介していこう。物語の登場人物はさまざまに表現されるので、混乱しないためにに人名リストと統一略称（山がたカッコ）をあらかじめ示しておくこととする。

A　義経関係の人物

〔蝦夷に渡った義経の郎徒（郎党）〕　前伊予守従五位下源義経〈義経〉、秋田次郎尚勝〈尚勝〉、泉三郎忠衡〈忠衡〉、武蔵坊弁慶〈弁慶〉、依田源八兵衛弘綱〈依田〉、亀井六郎重清〈亀井〉、鈴木三郎重家〈鈴木〉、片岡八郎弘常〈片岡〉、伊勢三郎義盛〈伊勢〉、駿河三郎清重〈駿河〉、黒井次郎景次〈黒井〉、熊井太郎忠基〈熊井〉、鷲尾三郎義久〈鷲尾〉、備前平四郎成房〈備前〉、佐藤三郎義信〈佐藤三郎〉、同四郎経忠〈佐藤四郎、または三郎・四郎合わせて佐藤兄弟〉）、民部卿頼然〈頼然〉、下部鬼三太〈鬼三太〉、常陸坊海存〈海存〉、増尾三郎兼邑〈増尾〉、堀尾新八忠辰〈堀尾、ただし、秋田の郎徒〉

〔その他平泉脱出に関係した主な人物〕　前鎮守府将軍藤原秀衡・前陸奥貫首藤原秀衡〈秀衡〉、民

部少輔基成〈基成〉、家督泰衡・御館泰衡〈泰衡〉、増尾十郎権頭兼房〈兼房〉、杉目太郎行信〈行信〉　＊以下、〈　〉名に統一して使用

B　蝦夷関係の人物

〔松前〕桂呂仁（首領）、阿刺干《アリカン》（手下、元仮墨太の者）、安呂由（使い）

〔末曾久〕亜止刺《アトリ》（首領）

〔久魔伊志（クマイシ）〕金架奈《カナ》（首領）、海満呂《カイマンロ》（海満路）・海満林《カイマンリン》の兄弟（手下、元末曾久の亜止刺手下）

〔上ノ国〕満天仁（萬天仁、首領）、張計理（臣）、砂牟印（豪家）、砂牟金（砂牟印の娘）、馬全印

〔志魔母伊（志魔母意・シマモイ）〕万平須（首領）、丹須古（手下）、魁首貴（手下）、喜留志《キルシ》（万平須に縁のある者、海満林の古朋輩）、喜留志の娘（万平須の妾）、羯悪志《ケルアシ》（家臣）、印吉利《インキリ》（手下）

〔仮墨太《カメダ》〕加金須（首領）、宇宛比《ウエンヒ》（軍師）、定嘉留《テイカル》（程嘉留）、西仮波《セイカハ》（大将）、孫魔志《ソンマシ》（大将）、雨綿破《ウメンハ》（大将）、休保差《キウホサ》（大将）、孟志貴《マウシキ》（大将）、羯麻貴《ケルマキ》（大将）、火宇雷《クハウライ》（西仮波手下）、魔久連《マクレン》（同）、馬勢留《ハセル》（同）、金魔志（同）

〔勢奈瓦《セナカ》、勢太奈伊（セタナイ）〕久利満《クリマン》（首領）

〔太流魔意（タルマイ）〕喜留満（首長）

〔志夫舎理（志夫舎利・志夫砂理・志夫差利、シブシャリ）〕丹呂印（首長）、吉利英《キツリエイ》（丹呂印の弟）、仁志麻留《ジンシマル》（吉

利英の手下）、羌奴貴《キャウヌキ》（同）、阿羌夷《アキャウイ》（同）、宇満留（大将）、仮甫乱《カホラン》（宇満留の手下）、久麻呂（久麻留、同）、阿金須（同）、羌奴定（羌奴貴の娘、丹呂印愛妾）、乱計留（家来）

〔欧大意《ヲ、タイ》〕加理元（首領）　＊以下、地名・人名は最初のものに統一して使用

〔巻之一〕義経は秀衡を頼って奥州に下向、衣川の別館に住み高館殿と仰がれる。秀衡は死に臨んで家督泰衡に一通の遺書を渡す。鎌倉の頼朝の命により、泰衡らは義経を討つことに一決したが、秀衡の遺書は義経を蝦夷に逃すというもので、泰衡より忠衡を通して義経に伝えられた。義経はじめ、弁慶、亀井、鈴木らが津軽のほうを志して高館城を忍び出ていった。泰衡は高館城に押し寄せる。義経の身替りとなった行信は自害し、これを介錯した兼房も腹を切った。海存は兼房を介錯した後、処々に火を掛けて逃げ去った。義経らは津軽深浦に着き、そこで待っていた尚勝に遇った。尚勝は秀衡より密かに義経の蝦夷渡りを打ち明けられており、深浦で義経の渡海の準備をしていた。尚勝の父は交易のことで蝦夷の首長丹呂印に害され、尚勝には蝦夷に渡り父の仇を返したいとの志があった。

〔巻之二〕義経らは深浦を発し、松前の海口である乙部へ着き、松前の首領桂呂印に迎え入れられる。乙部滞在中の軍議で、尚勝はすぐにでも志夫舎理に居する仇敵丹呂印を討ちたいといい、義経も同調する。しかし、弁慶はまずは蝦夷の人民を帰伏させて部落を数多従

えたうえで志夫舎理を乗っ取るべきと、義経を諫め尚勝を宥める。義経、再び桂呂印に会って商議し、桂呂印手下の阿刺干の嚮導によって、端蝦夷《クチ》への海辺通路のよい白紙鼻《シラカミノハナ》へ移ることになった。

〔巻之三〕義経主従、阿刺干は白紙鼻に着き、ここに仮屋を設け陣営とした。島深く見回ることにした片岡、尚勝はある山で久魔伊志に住むという蝦夷人の海満呂（路）に遇い、白神鼻の陣営に連れ帰る。海満呂は義経の威に恐れて平伏し、地理をよく知る弟の海満林を連れてくることを約束、即時に伴ってくる。海満林、義経に地理を語り聞かせる。一方、義経の命を受け、蝦夷の形勢を窺うために上ノ国に遣わされた阿刺干は、大豪家砂牟印の家を頼り寓したが、砂牟印の娘砂牟金に密通し、この地に留まろうとする。狩りに出た阿刺干が一疋の猿を射止めたが、その猿をめぐって同じく狩りをしていた蝦夷人と諍いになり、阿刺干が殺される。家に運ばれた阿刺干は鍬先の祈禱で蘇生する。悲しむ砂牟金を見て砂牟印がわが娘と密通したことに気づく。阿刺干に尋ねるに、奥蝦夷の乱を鎮め蒙賊を退けるために、日本より加勢の人数をこの地に招きたいと話す。砂牟印はその願いを了承するが、首領満天仁は知慮少ない人なので、日本人をわが家に招き置く深慮ありと言う。阿刺干は悦び、まもなくして死んだ。

〔巻之四〕海満林、志魔母伊の首領万平須を頼り、上ノ国・仮墨太を手に入れることを提案、義経の了承を得て、交易を開いて懐けるために志魔母伊に向かう。その前に主人金架奈に会おうと久魔伊志に帰る途中、万平須の手下丹須古と出会う。狩猟中の丹須古は獲物なければ主人万平須に殺されると言う。海満林、志魔母伊での日本人との交易を説けば罪を逃れられるだろうと丹須古に言い聞かせる。丹須古は帰って万平須に話すと、万平須は松前の首領の左右を待たずに日本人と交易できると大いに悦んだ。しかし、丹須古は朋輩の羯悪志に讒言され万平須に殺される。万平須は日本人を志魔母伊に召し寄せようと手下の魁首貴を白紙鼻に遣わすが、魁首貴は狩猟中の弁慶を蒙古人と勘違いして矢を放ち、これに怒った弁慶に殺される。丹須古からの音信が待てどもこない海満林は久魔伊志の古朋輩の喜留志を頼り、万平須の愛妾となっていた喜留志の一人娘を介して交易の件を言い入れた。万平須は魁首貴が害されたことに立腹し日本人を残らず殺すと言っていると、その娘が告げてきた。喜留志は元朋友の羯悪志を訪ねて説くが、羯悪志は合点しない。そこで娘を通して万平須と対面、日本人との交易を得心させることに成功する。海満林は喜留志と万平須の使者印吉利を伴って白紙鼻に帰った。義経は万平須らに進物(虎皮・赤地錦など)を贈る。いっぽう、上ノ国の砂牟印より阿刺干横死、義経迎い入れの報があり、義経は砂牟印の元へ鈴木・亀井らを派遣し、上ノ国の人民に日本の珍物を恵み慕われる。満天仁の臣張計理は日本人がこの地を奪い取ろうとしているので残らず殺そうと諫言するが、満天仁は張計理を逆臣だとして殺害する。これを聞いた亀井・鈴木は悦び、満天仁を砂牟印の家に招待し、饗応の日、席についた満天仁を殺害してしまう。砂牟印や満天仁の郎徒・近臣は服従し、義経を迎えるために砂牟印の家を城郭のように改造した。

〔巻之五〕泰衡・国衡に討手を差し向けられた忠衡は、秀衡の遺言に従い自害の体にみせて津軽深浦に逃れ、そこに忍ぶ義経の御台所・姫君らとともに松前に渡海、白紙鼻の義経主従と巡り合う。上ノ国より満天仁討ち取り、人民帰伏の旨が義経に報告され、義経らは上ノ国へ移っていく。一方、志魔母伊の羯悪志も喜留志にいったん説得されたが、上ノ国の首領が殺されたことに羯悪志は驚き、万平須に奥蝦夷の蒙古に異ならないので倭賊を討つべしと語り、久魔伊志の金架奈へも言い送り、羯悪志が軍勢の用意をして白紙鼻に押し寄せた。喜留志は奥蝦夷の蒙賊を退けることが肝要であるとして金架奈に従うよう勧め、金架奈は了承する。万平須へも喜留志を遣わし、戦を好まない万平須は帰伏する。万平須は羯悪志に引き返すよう使いを出すが、羯悪志は怒り毒矢を使って弁慶・海満林らと戦うが、討たれてしまう。

〔巻之六〕上ノ国の義経、従臣を集め軍議、海満林・忠衡の意見で仮墨太の首領加金須を討つことになる。仮墨太へは忠衡を追手の大将とし、黒井・伊勢・海満呂を添え、また依田を搦手の大将とし、備前・増尾・海満林を添えた。これに対して加金須は宇宛比の主張を容れ、勢奈瓦を追手として三軍の大将（上軍西仮波・中軍孫魔志・下軍雨綿破）を、久奴井を搦手として三軍の大将（上軍休保差・中軍孟志貴・下軍羯麻貴）をそれぞれ定めて出張させた。忠衡・依田の軍勢は勢奈瓦および久奴井《クヌイ》を攻めるが、寄手はみな負けを取る。加金須の軍議で軍師宇宛比が婦女の遺恨のある勢奈瓦の久利満と対立、商議後、久利満は宇宛比を待ち伏せてシヨキネ棒で衝き殺し、その首を持って忠衡の陣に駆け込み降参する。仮墨太攻撃の日、忠衡・黒井は勢奈瓦に攻め、これに西仮波の手下火宇雷・魔久連・馬勢留・金魔志らが切り掛り戦いとなる。その間に伊勢が仮墨太の本城に攻め入り火を付ける。城中は慌てふためき、加金須は勢奈瓦に逃げる。久奴井には依田が攻め、蝦夷方の休保左らはこれを防ぐが、仮墨太が乗っ取られたと聞き勢奈瓦に逃げる。ついに加金須らが降参し仮墨太を引き渡した。その後、仮墨太に入った義経に加金須らが御目見する。功第一の伊勢が仮墨太の守護となり、太流魔意の首長喜留満、勢太奈伊の首領久利満も戦わずに従った。一方、志夫舎理へは海陸三手とし、陸地の追手は大将熊井に鷲尾・駿河が従い、搦手は尚勝が大将、そして海路からは弁慶・頼然が攻めることにしたが、さらに熊井・尚勝への加勢として依田、片岡、増尾を大将とする三手を編成し、これに仮墨太の加金須、久利満らが従うことになった。義経・忠衡らは上ノ国へ凱旋する。

〔巻之七〕搦手の大将尚勝の軍勢、郡奴に着き一攻に出る。これに対して志夫舎理の首領丹呂印、弟吉利英を久利麻に出張させ、その手下には仁志麻留・羌奴貴・阿羌夷がいた。また宇満留を大将とする仮甫乱・久麻呂・阿金須らの隊が未角壱志《ミッイシ》（三石）の本道で尚勝らの兵を迎えた。尚勝の兵が不用意に宇満留の兵を攻め、阿金須を討ち取ったものの敗戦し未角壱志に退く。弁慶・頼然は白紙鼻より兵船で伊和奈意に着船、弁慶が尚勝を救うため未角壱志に向かい、頼然は伊和奈利（伊カ）に陣を備えた。丹呂印と互いに領地を競り合っていた欧大意の首領加理元はこの戦いに介入、伊和奈伊（意）の頼然の陣に攻める。頼然は谷に落ちて死ぬ。その後加理元は志夫舎理より攻めてくるとの風聞があり欧大意へ帰る。追手の大将熊井は遅れて未角壱志に到着。ここで軍勢を二手に分け、一手は大将熊井、これに尚勝が属し、もう一手は大将弁慶、これに鷲尾・駿河が従い、能麻奈意に陣を布いた。丹呂印は吉利英を上軍、羌奴貴を下軍とした。こうして未角壱志で敵味方入り乱れての合戦となるが、吉利英・羌奴貴は胡砂吹《コサフキ》・芝隠《シバカクレ》という幻術（奇術）を使い、熊井・弁慶らを打ち負かす。仮墨太より依田・片岡・増尾ら加勢のため未角壱志に着く。これにより尚勝・片岡の一手には仮墨太の久利満・西仮波が属し、志利不加に陣を張り、弁慶・依田の一手には加金須・孫魔志・雨綿破が従い伊和奈意《イワナイ》に陣を張り、未角壱志には熊井・鷲尾・駿河・増尾が一手となり、海満呂・海満林・孟志貴・休保左が従った。今度は丹呂印自らが中軍の大将となって伊和奈意へ、吉利英は志利不加へ、羌奴貴は未角壱志へ同時に押し寄せた。未角壱志では熊井らが羌奴貴およびその手の仮甫乱・阿羌夷を討ったものの合戦は果てない。伊和奈意では丹呂印が例の黒煙を吹き出し、弁慶・依田勢が大崩れ、志利不加では吉利英の奇術で尚勝らは散軍したが、吉利英も深手を負った。敗軍した日本勢はその後、海満呂・海満林の計謀によって両兄弟が志夫舎理に夜討ちをかける。不意を襲われた丹呂印・吉利英の兄弟は生涯に一度しかできないというアシクルの術を使い、大将らは城の抜け穴から逃れた。海満呂は城に火を掛けたが丹呂印の術で火が移らず、未角壱志に引き揚げた。

〈巻之八〉志夫舎理の丹呂印、父羌奴貴の仇を討ちたいと願を立てた娘羌奴定（丹呂印の愛妾）を大将に、仁志麻留・阿羌夷・久麻呂を添えて未角壱志に押し寄せる。羌奴定は亜墨母意より攻めて、胡砂吹の術を使い熊井らの軍を混乱させるが、追い掛けられて久利麻に逃げ込む。ここでまた羌奴定が黒煙を吹き、暗夜のごとくになり、父羌奴貴が掘っていた落し穴に熊井、海満呂、孟志貴、休保左、西仮波の五将および雑兵多数が落ちて生け捕られる。日本勢は打ち負け、気を落とす。丹呂印は熊井ら生け捕りを残らず誅した。伊和奈意の陣にあった弁慶は依田・秋田・海満林・加金須らと商議し、羅計志利島へ引き取り、上ノ国へ加勢を求めることにする。飛脚が上ノ国に到着、義経・忠衡は自らの出陣を決める。上ノ国の留守として鈴木・亀井を残し、一手は義経を大将に佐藤兄弟・砂牟印が従い、一手は忠衡を大将に黒井、満平須、貴留志が従った。急ぎ伊曾也に到着し、ここに陣を構えた。

羅計志利島の弁慶らが伊曾也に来会、熊井が誅されたことなど物語る。志利不加には忠衡・尚勝・黒井・万平須・貴留志・海満林、志魔奈伊には依田・駿河・片岡・加金須・孫魔志・雨綿破・久利満、本陣の伊曾也には義経・弁慶・鷲尾・増尾・佐藤兄弟、砂牟印がそれぞれ陣取った。志夫舎理の丹呂印は宇満留に欧大意の加理元を攻めさせるが勝負はつかなかった。この隙に忠衡・尚勝らは志夫舎理に押し寄せ、丹呂印が胡砂吹くものの多くの敵を討って引き揚げた。義経、依田も出陣したが、弁慶が諫めて勝負には出なかった。陣に戻った義経は、諸大将に命じて諸葛孔明の八陣の法を日夜蝦夷の士卒に教えた。この間、丹呂印と加理元の合戦は度々に及んだ。

〔巻之九〕年を越し、義経、忠衡、依田の各陣では軍兵を一組百人の一〇組に編成し、出陣の準備が整った。忠衡手の万平須が先陣となって押し寄せ、一組ずつ入れ替わって攻めた。丹呂印は仮甫乱・仁志麻留・乱計留らに出撃させ、羌奴定も雑兵を率い、例の胡砂吹きの術で戦った。この日は決着がつかず互いに引き取ったが、義経の本陣は伊曾也の陣が遠いとして未角壱志の旧営に移った。その義経のもとに、加勢として上ノ国の馬全印が嚮導して備前、桂呂仁の使の安呂由、尚勝の郎徒堀尾、そして海存が到着した。堀尾は兵糧・名馬を持ってきた。海存は駒形嶺で老翁の異人に出会い神変不思議の術を得ていた。備前は於与辺の賊を平定して駆けつけた。羌奴定を生け捕るために備前・駿河を伏兵として山際に忍ばせ、また尚勝・堀尾・安呂由・馬全印に未角壱志の本道より攻めさせ、義経・忠衡・依田は海存を軍師として本陣に控えた。これに対して丹呂印側は、大将羌奴定・阿羌夷・久満留、大将宇麻留・仮甫乱・乱計留、大将仁志麻留の三手とし、まず未角壱志の本道に進み尚勝の兵と合戦となる。羌奴定が胡砂吹の術をなすが、海存が本陣で呪文を唱え、また諸将も教えられたその呪文を唱えると雲霧が起らなかった。後陣に控えていた弁慶は蝦夷第一の剛勇久麻留を討つ。馬武者に追い立てられた羌奴定は芝隠れの術で身を隠そうとするが呪文によって形顕れ、ついに駿河・備前によって首が取られた。阿羌夷は敗軍を一つにまとめ本城に引き取った。宇満留の兵は忠衡の軍勢と、志麻留（仁志麻呂）の兵は尚勝の軍勢とそれぞれ戦ったが、大将が弓矢で討たれ蝦夷方が敗北、日は暮れ互いに引いた。ただ志麻母伊の万平須が乱計留に討たれ、これを喜留志が葬る。義経は諸将を集め今日の合戦は海存の力によるといって、海存を軍師として尊んだ。海存は明日志夫舎理に押し寄せ首領丹呂印を捕えようと述べ、明朝未明の惣攻めが決まった。

〔巻之十〕明けて、義経側の三方の寄手が進軍した。これを知った丹呂印側も三手になって向かってきた。一番に大将依田の勢が仮甫乱らと戦い、依田が馬上から仮甫乱を弓で射殺した。阿羌夷は久利満と渡り合ったが、志夫舎理に引き退いた。二陣に控えていた駿河の軍勢も攻めに出て、駿河の弓矢で乱計留を討つ。駿河・依田・増尾・弁慶の四人は馬武者となって丹呂印に打ってかかる。丹呂印は奇術をなそうとするが呪文によってきかず、本城にではなく抜け道のある南方の山を目指して逃走した。そこに尚勝の軍勢が現われ、丹呂印と堀尾が取っ組み合いになる。堀尾が危ないところに尚勝が駆けつけ、年来の敵丹呂印の首を取る。その勢いで本城を攻める。阿羌夷は柵を捨てて逃げ去ったので本城を占拠、火を掛け灰燼となす。義経ら諸将が志夫舎理に入る。義経は徳をもって撫育し、欧大意の加理元も降参した。奥蝦夷未曾久を窺おうと計策を巡らすが、軍勢を休めるために上の国へ帰ることにする。弁慶は守護として残り、年経てこの地で病死した。上の国に凱旋し、志夫舎理の勝軍を祝った。海存は駒形嶽で仙道に入りたいとして暇乞い、また秋田尚勝も本望を遂げたので本国に帰りたいとして暇乞い、安呂由と共に上ノ国を出帆した。懐妊していた御台所は平産し若君が誕生、島丸君と名付けられた。義経は八月一五日、諸将を招いて宴を催した。日本では鎌倉の武威が盛んで奥州は鎌倉殿の有となった。その後尚勝は一子を伴い、再び蝦夷に渡る。義経は諸軍勢を催し、前後八年の間に未曾久の乱を鎮め、蝦夷を一統し太平の政をおこなった。

登場人物の役回りがある程度わかるように、やや詳しく物語の展開を要約してみた。義経主従が平泉(高館城)を脱出して松前の乙部に渡り、やがて白紙鼻に陣をしき、松前の桂呂仁や久魔伊志の海満呂・海満林兄弟（元は未曾久の者）ら蝦夷の協力を得て、満天仁の上ノ国を攻略して奪い取り、そこに移って居城とし、仮墨太を落としたあと、その勢いで志夫舎理を攻めて首領丹呂印を亡ぼし、上ノ国に凱旋して義経の子島丸君が誕生するまでを述べたものであった。要約にあたって年月は省いたが、物語（架空）の上では文治五年（一一八九）閏四月の義経逃亡（自殺）から建久二年（一一九二）八月までのできごとであった。前半の上ノ国占拠がひとつの山、間に仮墨太攻めをはさんで、後半の志夫舎理攻撃がさらなる大きな山の二段構成となっている。そして後編に委ねられているが、未曾久の乱平定がもうひとつの大きな山として想定されていた。海満呂・海満林兄弟をもとは未曾久の者として登場させていたのはその伏線であったか（ただし、海麻呂は殺されてしまう）。

このように物語の主軸は義経主従の活躍による蝦夷平定にあるが、なぜ義経らが志夫舎理の丹呂印を敵として戦わねばならないのか、その説明として用いられているのが、秋田次郎尚勝の仇討である。尚勝の本貫・本国が秋田で、その父が津軽・南部・平泉の近郷はむろん、松前・蝦夷島との交易に従事し、松前に米穀を運び、代わりに昆布、ニシン、オットセイ、熊胆などを積んできて平泉や京都へ送っていた。その交易をめぐってトラブルが生じたのであろうか、丹呂印に害された。成長して父の業を継いだ尚勝は敵丹呂印を討ちたいという宿願があり、それを果すために武者修行して秀衡に仕え、義経蝦夷渡りに尽力したということになっている。そしてクライマックスの丹呂印最期にあたっては尚勝がその首を取ることになった。その点では尚勝の復讐劇といった物語の側面がある。当時、赤穂浪士事件などによって敵打ちを主題にした作品が人気を博しており、それを意識して盛り込んだのであろう。尚勝という人物は『義経記』には出てこないが、先行の義経ものを確認していないので断定できないが、作者（滕）によって新たに創出された人物であろうか。

　義経の家来たちのなかでも最も活躍させられているのが常陸坊海存である。武蔵坊弁慶も主要な場での働きが記されるが、海存には及ばない。海存は、奥州の駒形嶺（嶽）で異相の一人の老翁に遇い、一巻の書を授けられ、それを学んで神変不思議の術を得たとされ、遅れて義経の元に参じて軍師となった。義経の諸将らが丹呂印や吉利英・羌奴貴が使う胡砂吹・芝隠という幻術（奇術）に敗戦・苦戦していたが、海存の呪文によってその幻術が利かなくなり、義経軍を勝利に導くこととなった。元禄期以降の義経蝦夷渡り物語を飛躍・発展させていく大きな要素となったのは仙術使いの海存であるといっても過言ではない。馬場信意『義経勲功記』の巻頭にある、東伯老人が奥州に下向して残夢なる者と問答したという「夢伯問答」によれば、その残夢が義経の郎等常陸坊海存のことで、海存は仙境に入って不老長寿となり、今に駒形峰に存生して、東伯に在りし日の義経のことなどを語ったというのであった。奥州の残夢なる者は林羅山『本朝神社考』に見えるのが早いが（ただし、駒形峰や義経の蝦夷渡りは語らない）、仙境と不老長寿への憧憬願望のようなものが当時の人々の心を捉え、残夢すなわち海存の物語が義経物語のなかに取り入れられ膨らんでいった。その行き着く先が『通俗義経蝦夷軍談』での海存の呪力であったといえよう。

むろん、義経軍と戦った丹呂印らの、胡砂吹・芝隠の幻術で相対する蝦夷側の抵抗も読みどころの一つだろう。敵対者が討たれると想定していても、その存在なくして軍談物は成り立たない。蝦夷がどのように描写されているのか、当時の蝦夷知識やシャクシャインの戦いという歴史が反映していることは間違いないが、それについては節を改めて述べることにしよう。

ところで、『通俗義経蝦夷軍談』の物語展開が同じといってよい『義経蝦夷渡記』という写本がある。[12]本文の冒頭に平仮名で「よしつねえそわたり」と小さく書いてある。『通俗義経蝦夷軍談』の凡例に、この書のもとになった「或る人の家蔵『蝦夷記』三巻」あるいは「妄談にして拠なし」の同名異書の存在をあげているが、そのいずれとも考えにくい。わずか一五丁ばかりの分量にすぎず、しかし真澄のように主要個所を抜粋したのではなく、『通俗義経蝦夷軍談』の原文に即しながらも、それ自体の文章に仕立てられている。したがって、原文の内容を誰かが縮約した簡約本といってよさそうな一冊である。

この『義経蝦夷渡記』は、三春藩秋田家に仕える渡会氏の家にあったものを同じく三春藩の儒臣倉谷彊が写し、さらにその倉谷本を文化八年（一八一一）一〇月に写したものという。こうした経緯からすれば『通俗義経蝦夷軍談』を縮約したのが渡会氏であった可能性も考えられる。表紙に「不忍文庫」と書かれているが、不忍文庫といえば蔵書家として知られた屋代弘賢（太郎）の文庫名である。文化八年に写したのが弘賢自身かどうかは定かではないが、弘賢の文庫に収められた一冊であろう。本写本の後のほうは文化六年夏に鈴木重宣本を写したという「浄瑠理」の部分となっているが、『通俗義経蝦夷軍談』とは直接関係がない。また、その「浄瑠理」自体についても、同様のものを他の旧記類で今のところ確認できていない。

本写本の系統が他にもあるかと推測され、『通俗義経蝦夷軍談』の広まり、影響を知るうえで役立つかと思われる。たまたま古書店において入手したので、参考として翻刻しておくこととした。

三　物語の歴史舞台

『通俗義経蝦夷軍談』が平泉藤原氏滅亡、鎌倉幕府成立の時代の蝦夷を歴史舞台にしているといっても、架空の物語である以上、そこに描写された蝦夷の世界もすべては嘘であり、その時代の歴史性を何がしか反映しているといったものではない。近世中期という時代的制約を受けた作家(滕)の想像力として、先行の作品に影響を受けながら新たな要素を加えて作り上げた仮構の、あえていえば近世という時代の蝦夷の世界に他ならない。むろん、全く蝦夷知識のないところで物語が書けるわけではなく、作家がその生きた時代に参照しうるさまざまな蝦夷知識・蝦夷情報を動員して、同時代の読者の関心を引くように物語に真実性と劇的性を与え、実在した歴史的できごとであるかのように提示したものである。ここでは先行する作品との影響・継承関係にまで踏み込めないが、この作品世界のためにどのような近世的な歴史舞台が用意されていたのか、物語に使われている地名を手掛かりにしながら読み解いてみよう。

東北地方の地名からみていきたいが、奥州(陸奥)、羽州(出羽)、秋田、津軽、南部、平泉、衣川(衣河)、高館、深浦、アジカ、小泊、外浜、大島(小泊港の海中、松前大島のことか)、駒形嶺(嶽)が出てくるばかりである。義経らの松前渡海を準備した尚勝には米穀・廻船商人としての顔があり、秋田がそれにふさわしく本国とされたのであろう。義経主従は高館城を忍び出た後どのような経路で逃れたかまったく記されないが、「松前の海口」にあたる津軽の深浦に集まり、その深浦からアジカ、小泊(ここはまだ奥州の地)を経由して、「松前の海口」の乙部に上陸したことになっている。アジカというのは鰺ケ沢のことだろう。深浦・鰺ケ沢は近世には青森・十三とともに弘前藩の四浦として西廻（日本海）海運の要港であり、小泊も松前への船路に位置している。このような松前に至る廻船ルートは近世でいえば自然ではない。松前藩主や幕府巡見使が通行する津軽の三厩と松前（福山）間が近世の公式の渡り口であるが、三厩から渡海させていないことは注意しておいてよい。これでは三厩に義経伝説が生まれようがないし、太平洋側の三陸沿岸の道を北上していったとするのもありえない。

中世という時代に遡れば、日本海交易ルートの津軽の拠点が十三湊であったことは安藤（安東）氏の名とともによく知られている。御伽草子『御曹子島渡』の若き義経が出船した「土佐」は元来この十三湊と考えてよいが、この物語では十三湊はまったく顧慮されることはない。古い地名である東奥の津軽（都加留・津川）については、往昔は「蝦夷の一種」で「王化」に従わず「禽獣」に異ならなかったが、今は陸奥に属して、「外浜の浦々島々」まで靡かぬ草木もないと、完全に日本地化している様子を述べ、また外浜については「渺々たる平沙」「朔北の砂漠」といったイメージでとらえられている。「今は」というのは近世に他ならないし、青森から三厩にかけての外浜を砂漠としているのは現地をみたこともないからだろう。秋田、津軽、南部、そして松前というのはすぐれて近世的な出羽・陸奥の下位地名の通称であり、一つないし複数の郡からなる藩領を指す呼び方である。

なお、常陸坊海存と関わって出てくる駒形嶺（嶽）はどこだろうか。海存が津軽へ向かう途中で、岩窟のある「駒形の深山」という以上の説明がない。海存(ないし残夢)について『本朝神社記』には奥州とばかりあり、『義経知緒記』は衣川の辺で老翁に遇ったとし、駒形峰に住むとするのは『義経勲功記』であり、それを踏襲しているのであろう。駒形嶺として可能性のあるのは栗駒山(栗原郡・磐井郡・雄勝郡の境)、駒ケ岳(和賀郡・胆沢郡の境)、駒ケ岳(雫石・田沢湖間、秋田駒ケ岳)であるが、平泉・衣川との近さからいえば栗駒山で、そこを抜けて秋田に入ったとでもイメージされていたのであろうか。菅江真澄は秋田藩の仙北としているから秋田駒ケ岳を考えたようである。

松前の乙部に渡った義経一行はそれから白紙鼻(白神)に移り、その後、上ノ国を攻略して落とし、上ノ国を居城とすることになる。地名としての蝦夷の説明からみておくと、蝦夷は日本の東方にあたり、この島は端《クチ》蝦夷、中蝦夷、奥《オク》蝦夷の三つに分けられ、端蝦夷は、西南は江刺(江差、以下カッコ内は近世ないし近代地名)、松前(福山)、福志磨(福島)、仮墨太(亀田)、レヒケ(レブンゲ・礼文華か)、ヲンナイ(穏内、吉岡の古名)、ヲヨベリ(及部か)、北は江止毛(エトモ・絵鞆)、タルマイ(樽前)、北西はクマイシ(熊石)・セタナイ(瀬田内)・上ノ国まで、中蝦夷は、セナガシ(不明)、久須意(不明)より三ツ石(ミツイシ・三石)、志夫差利(シブチャリ・シビチャリ)、久須利(クスリ・釧路)、アツケシ(厚岸)に至るまで、奥蝦夷は、西はシリエトコ(シレトコ・知床か)、ニシホシマイ(不明)に至り、東はノツサブ(根室のノッシャフか、稚内にも同地名あり)に至る、としている。おおむね、端蝦夷は近世の松前地（和人地）から日本海側（西側）のセタナイ（瀬棚町）、太平洋側のタルマイ（苫小牧市）辺りまでの道南地域に相当している。中蝦夷は西側がはっきりしないが、東側については日高地方から道東の厚岸辺までを指す。ただし、イシガリ（イシカリ・石狩）は大河で中蝦夷と奥蝦夷の際と書いてもいるので、西側ではセタナイからイシカリまでが中蝦夷ということになろう。奥蝦夷は道東の根室辺からオホーツク沿岸にかけての地域にあたるが、イシカリ以北から稚内方面も奥蝦夷になろう。

ただ、松前について蝦夷の西南にあり日本通路の入口であり、これに端・奥の蝦夷と合わせて三島というと記した箇所があって、右の端・中・奥の三区分とは齟齬する説明がみられる。松前は前述のように尚勝やその父が秋田方面から米穀を積んできて交易する所であった。松前の乙部とあり、また白紙鼻は松前の領分といい、松前の首領として桂呂印がいたとされる。その居所は明示されないが、近世の松前城下（福山）に当たる地であろうか。尚勝が秀衡に命じられて首領桂呂仁をたより口蝦夷に入って名鷹を数多取ったというつながりがすでにあった。なお、松前蝦夷の名鷹は往古より有名で鎌倉の鷹匠が秀衡に乞い求めたとしているが、これも蠣崎（松前）氏による豊臣秀吉への鷹（オオタカ）献上に始まり徳川幕府に受け継がれる近世の松前鷹の歴史を反映しているにすぎない。松前の義経一行はこうして桂呂印を訪ねて協力関係を取り付けるのであるが、その地に直接上陸させるのは作者が不作法と思い避けたのであろう。

ただし、作者は松前が開けたのは、武田信広（松前氏の先祖）以降の後世のことであると、その歴史を念頭において注釈している。この物語では広域的な地名として松前が使われているように思われるが、松前の風俗は日本、蝦夷の両側面があるとする。日本と好を通じ言葉も大方通ずるが、夷属だとして卑しめられているとし、歴史的には中世後期の境界人的な「渡党」的イメージが語られている。このような日本化の進む松前の地域性が義経を受け入れ、協力者として登場させられるのであった。近世の認識では蝦夷島は松前（日本地）と蝦夷地とに、蝦夷地は東蝦夷地と西蝦夷地とに、あるいは口（端）蝦夷地と奥蝦夷地とに、奥蝦夷地が中場所・奥場所に分けられていくのであるが、混乱があるとはいえ、そうした近世松前藩の地域区分が前提にあるといってよい。近世における本州から松前への渡海は当初は松前城下（福山）一港に限られ、その後江差・箱館も開かれ、この物語が書かれた頃には三湊として機能しているのであるが、その江差・箱館ではなく近くの乙部・仮墨太（亀田）が出てくるのは近世半ばより前の時代を反映していることになる。

物語の前半は上ノ国および仮墨太（亀田）攻略である。上ノ国については、端蝦夷の奥にあって、首領満天仁の城地とされる。岩石を畳み（積み重ねて）城郭のごとし。北は志利辺知（シリベツ・尻別、後志地方）・島古麻喜（シマコマキ・島小牧、後志地方）に至り、南は宇智羅嶽（内浦岳、駒ケ岳）を限る、として、その勢力範囲の広さが想像される。狩りを産業とし、また女が海に入って鎌で昆布を刈り、それらの産物を松前に出して銅鉄、米穀の類と易えるとあって、物語のうえでは尚勝らの日本商人の交易活動とリンクすることになり、近世初期頃の松前城下に蝦夷地のアイヌの人々がウイマム（交易）にやってくるイメージと重なる。昆布はどちらかといえば箱館（物語では仮墨太）方面の東海岸が名産地なので、鰊・鮭漁中心といってよい上ノ国の産というのはそぐわない。

上ノ国が志夫舎理攻略のための要害の場所として作者が設定したのは、何も述べるところではないが、上ノ国は蠣崎氏（松前氏）が松前大館（その後近くの福山に築城）に移るまえの居城であった。武田信広がコシャマインの戦い（一四五七年）を凌いだ後に上ノ国の勝山館主となって渡島半島南部を勢力圏におさめていく、そうした歴史が義経主従をして蝦夷一統を征服していく居所としてふさわしいと考えられたのであろう。この上ノ国を奪取するために、義経の最良の協力者となる海満呂・海満林兄弟は久魔伊志（熊石）の首領金架奈の手下であったが、金架奈では頼りにならないので、志魔母伊（積丹半島の北端の地名）の首領万平須を頼ることにし、日本人との交易を持ちかけて成功したとする。近世の熊石は松前地であるが蝦夷地の境に位置し、出入りを取り締まる番所が置かれていた。シマモイも一七世紀後半にはその地名が知られる。

次の仮墨太攻めでは首領加金須が降参し、義経の軍勢に加わることとなるが、仮墨太についてはとくに説明がない。上ノ国と並ぶ要地としての認識があったからだが、近世には松前の東在にあって亀田番所がおかれ、東蝦夷地方面に対しての拠点であった。番所が寛保元年(一七四二)に箱館に移ってからは箱館が栄えていくことになる。仮墨太が重要視されているのはそれ以前の時代の反映ということになる。加金須が上ノ国の軍勢に対して守りとしたのが、勢奈瓦と久奴井である。勢奈瓦(セイナカ)は勢太奈伊ともあって判断に迷うが(あえて比定すれば箱館の東のセタライ(瀬田来)のつもりか)。久奴井はクヌイとあり、クンヌイ(国縫)が想起されるが、別に志夫舎理攻めで郡奴も出てくるので異なる地名として使っているのだろうか。クンヌイ(国縫)は内浦湾沿岸にあり、シャクシャインの戦いでは鎮圧に向かう松前藩が陣を布き、蜂起勢と対峙した場所として知られている。関連して、海満呂が敵兵の様子を聞いたという須江知亜(スエチア)という地名も出てくるが、これも確認できない。

さて、志夫舎理攻撃である。志夫舎理は尚勝の仇敵丹呂印の本城とされ、攻め落とした後に義経らがみると、石を畳んで穴を掘った穴居であるが、人力の及ばない精巧な造りであったとしている。太平洋側の日高地方にあるシブチャリは、一六六九年の寛文アイヌ蜂起事件の総大将シャクシャインの居館で、シャクシャインの戦いが念頭にあって書かれているのは明らかである。[13] そこに出てくる関連地名として、右の郡奴(国縫)をはじめ、久利麻

（不明）、未角壱志（三石、シブチャリの東にある地名）、伊和奈意（岩内、西蝦夷地の後志地方の地名、伊和奈利も同じ地名を指すか）、能麻奈意（ノマナイ、西蝦夷地の積丹半島の地名）、志利不加（シリブカ、西蝦夷地の岩内近く）、亜墨母意（アメモイ、不明）、羅計志利島（ラケシリ島、不明、ヤンケシリ・焼尻のことかもしれない）、宇計伊志（ウケイシ、不明）、伊曾也（イソヤ・磯谷、後志地方の日本海沿い）、志魔奈伊（シマナイ、不明）といった地名が出てくる。志夫舎理攻めにしてはずいぶん方角や位置関係が滅茶苦茶であるが、シャクシャインの戦いは日高地方のみならず日本海方面にも及んだから、後志地方・積丹半島方面の地名が出てきてもおかしくはない。来年鼻というのは民部卿頼然が生害した地で、右の伊和奈意（イワナイ）の浜にあり、また戦後、志夫舎理に守護として残った弁慶がこの地で病死し、志麻古麻喜（シマコマキ、島小牧、前出）の西に弁慶崎という地名が残っているというのも、地理感覚としては合わない。

この義経・丹呂印の戦いの副次的な要素として、志夫舎理の丹呂印と対立し戦う積年のライバルとして欧大意の首領加理元なる者が登場する。欧大意をヲオタイと読ませ、該当しそうな地名は見当たらないが、ハエという処に館を構え、シャクシャインと長年抗争していたオニビシに相当する人物ということになろうか。なお、深読みすれば、上ノ国の満天仁は亀井・鈴木に招かれて饗応の場で殺害されたが、こうした騙し討ちは松前藩がシャクシャインに和睦を呼びかけ、酒宴に出てきて酔いしれたところを襲撃して殺した戦法に類似している。シャクシャインの戦争を扱って流布したものに松宮観山の『蝦夷談筆記』などがあるが、何を参照したかまでは明らかにできないものの、それらに影響を受けているのは間違いないだろう。(14) この戦いとは別に、備前が平定した於与辺(オヨベ、及部)の賊がいるが、松前(福山)の東隣にある地名である。

作者(滕)は凡例のなかで、今、蝦夷には朝鮮・琉球のような国王がいて平治していると心得ている人が多いが、国(国家)でなく、義経が蝦夷渡りした頃もただ部落(部族集団)があるばかりだと述べている。部落の首領(首長とも)として松前の桂呂仁、未曾久の亜止刺、久魔伊志の金架奈、上ノ国の満天仁、志魔母伊の万平須、仮墨太の加金須、勢奈瓦(勢太奈伊)の久利満、太流魔意の喜留満、志夫舎理の丹呂印、欧大意の加理元といった人物が登場している。シャクシャインの戦いに出てくる各地域集団の長(大将)のすがたが重なり合っているのはいうまでもない。

ところで、この物語には蝦夷地図が付いている。その地図の形状は、寺島良安の『和漢三才図会』掲載の「蝦夷之図」や、シャクシャインの戦いが契機となって作られた松前・蝦夷図類に類似している。「蝦夷の地図」に弁慶崎、来年鼻などという地名があると記しているのや、この物語で重要な地名となっている白紙鼻が目立つように記載されているのをみても、そうした蝦夷の地図を参照して書いていたのは間違いないだろう。(15) ただ、前出の現地比定のできない地名は附図やそれ以外の地図によっても確認できるわけではない。情報の正確さや転写過程での誤読などがあるのだろう。そのことは別にしても、義経の蝦夷征服物語はシャクシャインの戦いおよびその当時の地理認識をベースにして構想され、それに中世後期以来の上ノ国の歴史や渡党的な松前イメージを付け加えながらできあがった物語と結論づけてよいだろう。したがって、蝦夷認識についてはこの作品が書かれた一八世紀半ばの時代進行を反映しているというより、情報としてはそれより古いものに依拠しているといってよいだろう。

残された地名として、志夫舎理の戦い後、義経が軍勢を催し八年に及んで乱を鎮圧したという未曾久がある。未曾久はこの物語の附図によれば、オホーツク沿岸方面に相当するだろうか、蝦夷島の奥のほうの中心あたりに大きく書かれている。附図には女房島（女護の島）といった『御曹子島渡』に出てくるようなものもあって、空想的な地名から抜け切れていない。未曾久に比定できそうな地名は確認できないが、『和漢三才図会』にもこの地名を見出すことができる。志利恵止古島と蝦夷島の間が瀬戸になっており、その蝦夷島側に未曾久が書き込まれ、現在の根室と知床半島の間あたりのようである。そのほかの時期が近い蝦夷地図にも、関係が窺われそうな地名がみられる。

このような曖昧な地理認識の奥蝦夷の未曾久であるが、韃靼・蒙古という外国と隣り合っており、強大な蒙古勢に着け狙われている地であった。松前の桂呂仁がかつて秋田尚勝に奥州の秀衡に対して、隣国の好で秀衡の加勢によって神国の威風を示して蒙古の難を逃れたいと話していたことがあり、秀衡が遺言として義経を蝦夷に逃そうとしたのは、そのような名目ならば蒙古の襲来を恐れる桂呂仁ら蝦夷に迎え入れられると考えてのことであったという。義経主従が渡海して桂呂印と対面し評議したさい、はるばるとこの地に来たのは、蝦夷を帰伏させて、靺鞨・蒙古までも攻め入り、日本の威風を示し、再び隣国がこの島を侵すことなく、この地に患なきようにするためだと、頼然に言わしめて桂呂仁を納得させていた。蝦夷の地が北高麗や韃靼の地と隣接しているという地理観念は近世初期にはすでに存在しており目新しいものではない。

この物語がなぜ奥蝦夷における蒙古の脅威を設定し、義経の蝦夷渡りの目的をその脅威から守ってやることにしたのだろうか。凡例に、義経が蒙古を平治して、その子孫が中華を一統、清と名付けた、その国名は清和源氏の清で、中国の天子は義経の子孫という、と書いているが、この作品が書かれた頃には義経蝦夷渡りの言説は蒙古・清にまで及ぶものになっていた。そのような展開と結びつけようとの意図が働いていたのだといえよう。

『通俗義経蝦夷軍談』がなった明和五年(一七六八)といえば、ロシア人がウルップ島でラッコ猟を開始し、だんだんとそれに続く活動が松前藩に知られ始める時期である。しかし、まだ三都の知識人たちは北方の動静などまだ何も知らない。この物語における蒙古の脅威を千島を南下してくる「ロシアの隠喩」であるとみる向きもあるが[16]、それにはまだ時期が早すぎるのではなかろうか。靺鞨・韃靼という地理認識、そして蒙古襲来的な旧来的な北東アジア世界が思い描かれていたということで理解可能な範囲といえよう。

四　物語の蝦夷知識

架空の物語ではあるが、近世中期に知られていた「蝦夷」知識をちりばめて物語が展開していくので、実際にその地に行ったこともない読者の意識に蝦夷のイメージがおのずと刷り込まれていくことになろう。近世日本人の通俗的な蝦夷観の形成にはこのような作品もまた大きな役割を果たしていたに違いない。そのことを意識して、『通俗義経蝦夷軍談』がどのような蝦夷知識を供給していたのか以下に示してみよう。

義経主従が蝦夷に渡るために深浦の漁人の家に滞在していたおり、蝦夷に入って見聞した秋田尚勝にその土地・風俗・言語について詳しく語らせている。すでに前述した地理的なことなどは除くが、現代語訳的に要約してみると、およそ以下のようなことを記していた。

風俗は男女みな髪を被り、衣服は単衣、左衽で、貴賤の別がある。鞋・履はなくみな裸跣である。耳環をつけ、貴人は金銀、卑賤は銅鉄である。男は体毛が多く、勇敢、闘争を好み、死を恐れず、刀を頭に掛ける。女は文身、花草のかたち、小児のとき母が刺す。一七、八歳で嫁し、唇辺を刺して青草汁を擦り込むが、それは夫のある印である。シトキといって玉を綴った銀鏡を胸に懸け身の守りとする。文字がなく寒暑で春秋を分け、月の満ち欠けで朔望を知る。金山・銀山は多いが金銀珠玉を宝とせず、古器・刀剣を宝とする。島中に城郭の備えはない。家にはただ四壁があり窓を開き、茅で覆い、莚を編んで敷物にする。夜は魚膏をもやし、父子兄弟同じく寝て、男女の別がない。土地に五穀が生ぜず、牛馬はない。日本と交易するものの、米穀・塩・酒の類は蝦夷の人民を養うには足らず、卑賤は熊の肉・魚の肉、あるいは鳥獣の肉を食べ、山野に狩りをする。土地に酒はなく、日本の酒を得て呑み、悦び踊躍する。闘を好み怪しい兵器を用いる。①甲冑は海驢の皮、海獺の皮で製する。③シヨキネ棒で甲冑を破る。②弓は木で作り、矢は四羽に矧ぎ、根には鹿の骨を用い、烏頭・蜘蛛を合わせたものを塗る。この毒矢に当たると即死しなくても助かる者は稀であるが、毒消しの薬がある。医薬がなく祈禱して病を癒す。⑤枕元に鍬先というものを置き、鍬先で怪しい術をして死人を蘇生させるが、しばらくして死ぬ。④芝隠・胡沙吹といって怪しい術がある。胡沙吹は身に迫る難があるとき、口より気を吹く。衆人がみなこれをなすわけではなく、丹呂印はこの術を極める。言語は諸邦に通じない。水はワツカ、火はナヘ、夫はオツカイ、婦はメノコシ、老人はルル、子をミチウチなどという。

かなり詳しい説明となっている。その典拠は芝隠・胡沙吹以下を別にすれば、多少の違いは見られるものの、ほとんどが新井白石の『蝦夷志』であるといってよいだろう。(17)『蝦夷志』は被髪左衽など儒学的な華夷観念を広めるうえで規範的な影響力をもったが、このような物語によって典拠も明示されずに通俗化した蝦夷知識になっていくのであった。そして、「蝦夷は人の性強暴にして、仁もなく義もなく、さながら禽獣のごとし」、「戦勝つ時は妄りに人を殺伐」と、一方的に語られることによって蝦夷イメージが極端化され、仁政を施す義経像が浮かびあがってくる構図になっていたのである。

最初に説明された蝦夷風俗は、とくに傍線部の箇所は戦いの場面で実際に登場する。①海驢（アシカ）の皮あるいは海獺の皮製の甲冑。志夫舎理の首領丹呂印は蝦夷錦の袍を着し、海獺の皮を甲冑にして矢を負い、弓を携えて登場する。その人格はひときわ優れた大男で、その面は夜叉のごとく、眼の光は日月のごとく、その声は牛の吼ゆるごとくであった。また別の箇所では身の丈が九尺五寸で色青黒く、眼大にして日月のごとく、蝦夷の衆人に異なりし人物で暴悪とも表現されているように、『御曹子島渡』の蝦夷大王を思わせるような異形の姿であった。海獺の皮というのはラッコの皮のことであろう。また蝦夷錦はカラフト経由で入ってきた中国製の龍の図柄の絹製衣服で、近世の日本社会でも蝦夷産物として珍重されていたから、蝦夷錦とラッコの皮で包まれた最高の出で立ちということになろう。また、丹呂印の手下久麻留も身に海獺の皮の鎧を着て、太刀を抜き翳していた。『蝦夷志』には海驢の皮を甲とするとあって海獺を併記しないが、高価な海獺が首領の甲冑にふさわしいと考えられたのであろう。

②烏頭（うず・トリカブト）・蜘蛛の毒を矢尻に塗った毒矢。他の箇所でも蝦夷の風俗として、常に弓を修練して、その矢尻に毒を塗り、この矢に当たるときは命を落とすと記している。『蝦夷志』には単に毒草とのみある。坂倉源次郎『北海随筆』には蝦夷附子（トリカブト）に足高蜘蛛を入れるとし、[18] また松宮観山『蝦夷談筆記』には、蜘蛛とどうがらしを合わせて用い、毒消しにはにんにくと鉛を混ぜるとしている。[19] 蜘蛛の知識はこのような記事に拠ったか。実際の戦いの場面では、志魔母衣の羯悪志が白紙鼻に押し寄せてきたとき雨の如く矢を射てきた。蝦夷の弓矢は日本の弓に比べると小さく、甲冑の裏をかく矢はなかったが、矢尻に毒を塗っているため、鎧の隙間を射られたときは即死しなくても毒に苦しむ者が多かったとしている。頼然も毒矢で二ヶ所射られた。海満林は毒消しだといって、草の根を搾っ

て出た白い汁を擦りつけたらたちまち治ったという。また、志夫舎理の戦いでは、仮甫乱・久麻留が雨の降るごとくに射掛けてきた矢に、尚勝も鎧の隙間を射られ苦しんだが、矢を抜き捨て用意の薬を擦り付けた、などと出てくる。義経の軍勢が苦しめられた武器であったが、毒消しによって死なずに済んだことになっている。

③シヨキネ棒あるいはスツウチ棒。『蝦夷志』にその形状の図が載っており、先端で突くようになっているのがシヨキネ棒、打ち叩くようになっているのがスツウチ棒である。スツウチ（槌打ち）のシュト（棍棒）は武器・刑罰具・祈禱などさまざまの用途に使われた。[20]上ノ国に遣わされた松前の阿刺干がある蝦夷人と猟の獲物の猿をめぐって挑み合いになり、シヨキネ棒で殺されてしまった（なお、北海道には猿は生息しない）。また、仮墨太攻めのさい、勢奈瓦の敵は城塁に堀も塀もなく、雑木で一重の垣を結い巡らしているだけで、異類異形の出で立ちでスツウチ棒・シヨキネ棒の類を携え、おのおの弓をもっているばかりであった。仮墨太の軍師宇宛比が勢奈瓦の久利満にシヨキネ棒で衝き殺されたとか、志夫舎理の戦いで丹呂印側の阿羌夷がスツウチ棒を打ち振って衝き回った、剛勇の乱計留がスツウチ棒で満平須を横様に突いた、などとあった。

④芝隠・胡沙吹の術。義経の軍勢がこれによってたびたび敗北した、丹呂印側の最強戦法であった。丹呂印が極めたというこの術は、ほかに弟吉利英、愛妾羌奴定が使い手とし

て現れる。たとえば、吉利英が左右の手を上げ、眼を張り、口より黒煙を吐くとたちまち散乱し、陰々として雲霧のごとくに暗夜の軍に異ならないなどと表現されている。そのため敵味方も方角を失って分からなくなり、総崩れになってしまったのである。羌奴定の父羌奴貴も髪を振り分けて両手を組んで牛が吠えるように叫んで手を解くと、これもたちまち形を隠し喚き叫ぶ声ばかりであったというから、羌奴貴もその使い手であったか。丹呂印・羌奴定もたびたびその奇怪な術を使う場面が出てくるが、海存が登場し、その呪いによってはじめて破ることができたのであった。胡砂吹は、古歌に「こさふかば曇りもぞするみちのくの蝦夷には見せじ秋の月」とあることなどから、近世の知識人はさまざまに解釈し、胡地の砂塵、胡笳（えびすの笛）、イケマ、コサクモリという気象現象などといわれたが、本来は人間の息からきているもののようで、古くから「公超霧をなす術を伝へ、公遠隠形の道を得たる類もあり」（『諏訪大明神絵詞』）のように語られてきたが[21]、吐いた黒煙が雲霧となり闇をつくるという胡砂はそれを踏襲している。作者は中国の故事を引き合いに出し、昔、黄帝が蚩尤《しゆう》と戦ったとき、蚩尤が霧を降して味方の軍兵が方角を失ったのも、このようなことかと記している[22]。

この術のほかに、生涯に一度しかできないというアシクルの術（アシは夜、クルは部衆の意という）なるものも丹呂印・吉利英の兄弟に使わせている。これは文を唱えると、暗夜の如くになり、手足を悩まし「目を眩《くるめ》き耳癈《は》い」、いかなる魔魅の類であっても形をも潜めて出ることができないのだといい、兄弟が使ったときには義経側の蝦夷の剛将は一人も働くことができなかったとする。アシクルは作者(滕)の創作なのか、何か典拠があるのか分からない。
⑤死者を蘇生させる鍬先。『蝦夷志』には病気のさい枕元に置いて祈禱する、または飾り物と説明されている。阿刺干が大地に倒れ伏して死ぬと、人々はこれを抱え起して家に帰った。そして、枕元に鍬先を立て置き、怪しげな祈禱をすると、忽然と蘇生し、上ノ国に遣わされた目的を語り、役目を果たして死んだ。鍬先は鍬形ともいい、義経とも付会された。[23]ついでに志夫舎理陥落の前日の戦いで死んだ万(満)平須の死骸を義父の喜留志が土中に埋めて、その印に柳の枝を挿したとしているが、作者はその埋葬のしかたは蝦夷の例だとしている。柳の枝というのは『蝦夷志』によればイナウのことである。ただし、『蝦夷談筆記』によると、同じく土葬でも墓所の印に丸木を立て掛刀をかけるといい、異なっている。[24]

右の引用には出てこない蝦夷の習俗文化でいえば、若君誕生の酒宴の場で、上ノ国の砂牟印が四弦の胡琴を取り出だし、これを弾じ牛が鳴くように声を張り上げて歌謡したが、それを通事に尋ねると占候海潮の詞とのことだった。義経の笛や増尾の今様もあり、風流な祝宴となった。四弦の胡琴も『蝦夷志』に拠っている。胡琴はトンコリという楽器で五弦

琴であるが、四弦で弾くことも多かったようである。(25)

蝦夷の人名にも触れておこう。丹呂印、砂牟印のように末尾にインをつけたアイヌ語的なものがないわけではない。シャムインなどはシャクシャインから取った名前のようでもある。ただほとんどの蝦夷の人々の人名を漢字三文字で表現しているのはいかにも中国人風であり、日本人とは異なる外国人としての扱いからきているにほかならない。

おわりに

この物語は義経をどのような存在として「蝦夷」の人々に向かわせているのか、そのことを検討して本稿を閉じたい。義経の身分は前伊予守従五位下源義経であるが、尚勝をして義経に忠誠を誓うことになる海満呂に対して、わが主君の御大将は日本人王の始まりである神武天皇より五六代の聖主清和天皇の後胤になり、当時日本の武将たる源頼朝公の御舎弟で、一度は御舎兄の御代官として逆賊を亡ぼし、日本に威を輝かしたと語らせている。まさに貴種としての義経である。それは実際のアイヌの人々というより読者である日本人に受けることであったが、上ノ国を手に入れた義経について、「上ノ国には義経の武威を以て民を従え給うに、草木の風に靡くが如し」、「人民に施し、徳を以て懐け給い」、「民を撫するに徳をもってし、人を威すに武をもってし給いしが、蝦夷人おおきに帰伏」などと、武威と徳を兼備した存在であると最大級に賛美し、上ノ国の諸部落、人民は義経を首領と崇め、種々の産物を日々献じたとしている。

また、志夫舎理占領においても、義経は民に米穀を与え日本の美酒を施し、徳をもって撫育し、「残留まる兵共あれば、降参を請くべし」と所々に触れると、志夫舎理の近隣の者たちは、義経の徳を慕い、我もわれもと産物を献じ、志夫舎理に集まってきた。ただ、松前・蝦夷の雑兵たちが婦女を犯すのが止まず、それを制するために、義経が「もしわが妻と定めざる女を犯す者あらば、その髪鬢を一筋も残さず抜き取るべし」との法律を定め、これが末世に伝わり、今に蝦夷の風俗になっているとしていた。

こうして、今は中蝦夷より端蝦夷、松前までの通路が自由になり、繁栄は古に百倍したとし、この後国中が暫く静謐に及んで、義経の武威を恐れ、徳を慕ったのであった。

ところで、蝦夷人の間で言われていることには、食事に向かうごとに「ギクルミ。ヲクグルミ」と唱えるのが「蝦夷の風俗」で、キクルミは義経、オキクルミは判官をいい、宮社に祭ってギグルミ大明神と呼んでいるとする。また、ライグルとは頼然のことともいう。ここではキクルミとオキクルミが微妙に区別され、義経と弁慶を対にしてオキクルミとシャマイクル（またはその逆）と捉える一般的な理解となってはいない。

また、この物語が書かれたころ、義経が金国へ渡って、門戸ごとに画像の神が祭られているとか、前述のように義経の子孫が中華を統一して清国を建てたとかという、嘘の歴史がたりが尤もらしく語られ出しており、そのことも凡例で述べていた。義経の金国渡海説についてその証確かならずとしているから、半信半疑といったところだろうが、この物語自体は義経の未曾久征服の蝦夷統一で完結している。

『通俗義経蝦夷軍談』は平安末期・鎌倉初期の時代を扱った歴史物ではあるが、義経や弁慶などといった実在した人物の名前は別にして、近世日本人の想像が編み出した史実とは無関係の架空の世界の物語である。そこにあるのは中世史ではなく、その物語が成立した近世中期（一八世紀半ば）の北方の蝦夷をめぐるイメージ、知識、時代環境を投影した、近世日本人の感覚に応えるために書かれた、「武威と徳治」という近世的義経（徳川日本に置き換えれば、同じ源氏の人物で、武威で全国統一し徳治・仁政によって太平の世を築いた徳川将軍）よる蝦夷征服の物語ということであろう。この物語世界は、徳川将軍が「蝦夷征伐」を発令した寛文のシャクシャインの戦いを歴史的前提としなければ成り立たなかったと言って過言ではなく、寛文事件の義経バージョンといってもいい代物であった。その点では徳川日本の華と夷の秩序意識に適合的であって、もう少し後のそれがロシアの出現によって脅かされはじめる時期を反映するものとはなっていない。おおらかに近世的義経すなわち徳川日本を謳歌している幸せな時代であったといえようか。

この物語は当時の蝦夷知識（千島南下のロシア接近を知る以前）を吸収し、それを生かし書こうとしており、荒唐無稽さだけをねらったのではなく、蝦夷知識の伝達者を意識していたように思われる。そのさい、本文にある「日本・日本人」と「蝦夷・蝦夷人」という関係性のなかで、近世の「日本人」からみた他者としての「蝦夷人」が語られているだけであって、「蝦夷」知識に多少はアイヌの人々の民族文化が反映しているようにみえながら、アイヌ民族の実像から遠いことも、あらかじめ了解しておかなくてはならない。しかし現実にはこのような軍談物語を通しても近世人の「蝦夷」認識、北方の歴史認識が形づくられていくのであって、物語・伝説の批判的歴史研究が必要なゆえんである。

『通俗義経蝦夷軍談』のあと、たとえば、田沼時代全盛の天明期蝦夷地政策をパロディ化した恋川春町『悦贔屓蝦夷押領』（天明八年〈一七八八〉刊[26]）といった義経蝦夷渡り・蝦夷征服の戯作も生まれてくる。挿絵や浮世絵などの絵も含めて、物語・小説を時代性の反映とみて読み解く作業に北方史研究はもっと関与してよいのでなかろうか。ここではそうした作業は不得手ながら取り組んでみた次第である。

注

（1）島津久基『義経伝説と文学』（明治書院、一九三五年）五一〇～五一一頁。その後、近世における義経ものの系統についての研究が進み、中世後期（室町中期頃）成立の『義経記』とは違った異伝を多く取り入れた『異本義経記』（およびその増補『義経知緒記』）が着目されるようになり、『義経記評判』から『義経勲功記』へと展開していくすがたが明らかにされている（大城実「『異本義経記』諸伝本に関する考察――特に『義経知緒記』との前後関係を中心として」『立教高等学校研究紀要』第一八集、一九八七年、山本淳「通俗軍書作家馬場信意の方法『義経勲功記』と『異本義経記』の比較を通して」『立命館文学』六三〇号、二〇一三年、など）。義経蝦夷渡りについていえば、姉崎彩子「近松の素材利用――義経蝦夷渡り伝説と『源義経将棊経』」（『国語国文』第七三巻第三号、二〇〇四年）が、『源義経将棊経』とそれに先行する作品（『残太平記』『本朝武家評林』『異本義経記』など）との比較を行い、山本淳「高松市立歴史資料館蔵『異本義経記』について――近世期における『異本義経記』の一展開」（『伝承文学研究』六一、三弥井書店、二〇一二年）が高松本における「義経渡海譚」の増補を具体的に指摘していることなどが、注目されようか。

（2）同前五〇九頁。永楽舎一水『義経蝦夷軍談』（嘉永三年・一八五〇序）を例としてあげる（ただし、関東大震災で焼失）。

（3）徳田武「中国講史小説と通俗軍談」上・下（『文学』第五二巻一一号、第五三巻二号、一九八四・八五年）によれば、「通俗」とは中国の講史（演義）小説を翻訳したことを示し、翻訳から翻案に進み、馬琴らの読本につながっていった。そうした展開過程のなかに、中国の読物ではないが、『通俗義経蝦夷軍談』も親縁的なもので長編読本に近づいたと位置づけられている。

(4)金時徳『異国征伐戦記の世界――韓半島・琉球列島・蝦夷地』(笠間書院、二〇一〇年)三七一～三七二頁。
(5)国文学研究資料館の日本古典籍総合目録データベース参照。
(6)拙著『幕藩体制と蝦夷地』(雄山閣出版、一九八四年)八三頁。本書第一章注(14)。『菅江真澄全集』第一巻(未來社、一九七一年)三四二～三四五頁。
(7)『南部叢書』第九冊(歴史図書社、一九七一年)。
(8)前掲『菅江真澄全集』第一巻三四五頁。
(9)『菅江真澄全集』第二巻(未來社、一九七一年)一〇四頁。
(10)梅原達治「〈資料紹介〉通俗義経蝦夷軍談」(『札幌大学総合論叢』第三号、一九九七年)。底本には北海道立図書館所蔵写本を用い、久留米市立市民図書館および早稲田大学図書館の所蔵刊本を参照したとある。なお、人名・地名などの振り仮名については、インターネットでデジタル公開されている酒田市立光丘文庫所蔵本(写本)、北海道立図書館本(写本)に拠った。
(11)ただ、題名に通俗のつかない『義経蝦夷軍談』なる書名の写本がいくつか知られている(注5の日本古典籍総合目録データベース)。倉員正江「近世における義経伝説の展開――入夷伝説の再検討」(『近世文芸　研究と評論』第二九号、早大文学部神保研究室、一九八五年)には同書名の国学院大学図書館所蔵写本(成立年不詳)が取り上げられているが、滕の『通俗義経蝦夷軍談』や注(2)の一水の『義経蝦夷軍談』との前後関係までは明らかにされていない。今後の研究が俟たれるので断定は控えておきたい。
(12)筆者所蔵本。
(13)シャクシャイン蜂起については、拙著『十八世紀末のアイヌ蜂起――クナシリ・メナシの戦い』(サッポロ堂書店、二〇一〇年)の第七章「シャクシャインの戦い――その性格と歴史的位置」で詳しく論じたことがある。そのほか本章と関わる中・近世の蝦夷島（松前・蝦夷地）の一般的知識・理解は拙著『アイヌ民族と日本人』（朝日新聞社、一九九四年）、編著『蝦夷島と北方世界』（吉川弘文館、一九九九年）などに述べているので、それらに拠られたい。

(14)前掲 倉員正江「近世における義経伝説の展開――入夷伝説の再検討――」は、『蝦夷談筆記』下の、松前の通詞勘右衛門がシャクシャインの「一揆」について語った「口上」を軍談風にした『蝦夷一揆興廃記』が影響しているのではと理解している。こうした軍談物を含むシャクシャインの戦いに関係する史料は、海保嶺夫編『北方史史料集成』第四巻（北海道出版企画センター、一九九八年）に網羅的に収録されている。『蝦夷談筆記』には異本・類本のあることが知られているが、それに検討を加えたものとして榎森進『改訂増補北海道近世史の研究』（北海道出版企画センター、一九九七年）がある（第一部第三章のうち）。

(15)利用しやすいものでは、高木崇世芝『北海道の古地図』（五稜郭タワー株式会社、二〇〇〇年）所収の地図がある。ほかに高倉新一郎編『北海道古地図集成』（北海道出版企画センター、一九八七年）参照。付け加えておけば、弁慶崎はシャクシャインの戦い以前から知られた地名で、『正保日本図』にすでにみえる。アイヌ語ではペレケイで「破レタル処」の意（永田方正『初版北海道蝦夷語地名解復刻版』草風館、一九八四年、九四頁）。弁慶の付会は『御曹子島渡』系の物語の影響か。

(16)金時徳前掲書、三四九頁。

(17)今泉定介編輯兼校訂『新井白石全集』第三（吉川半七発行、一九〇六年）所収。最近、原田信男校注『蝦夷志　南島志』（東洋文庫八六五、平凡社、二〇一五年）が刊行されたので目に触れやすくなった。

(18)『日本庶民生活史料集成』第四巻（三一書房、一九六九年）四一一頁。

(19)同前三九〇頁。全般的には、門崎允昭『アイヌの矢毒　トリカブト』（北海道出版企画センター、二〇〇二年）参照。

(20)高倉新一郎「槌打考」（『アイヌ研究』所収、北海道大学生活協同組合、一九六六年）。

(21)金田一京助「胡沙考」（『金田一京助全集』第六巻所収、三省堂、一九九三年）。

(22)何を出典としているかは未確認であるが、『大漢和辞典』巻十、一三頁の「蚩尤」の項に「蚩尤大霧を作す」の引例がみえる。なお、島津前掲書は、そのような幻術を破った海存は「『水滸伝』の入雲龍公孫勝と同型の人物である」（一六九頁）と指摘し、また『通俗義経蝦夷軍談』の性格について「『水滸伝』式の荒唐で軍談風のもの」と評している（五一二頁）。中国の白話（口語体）文学の影響もあるとみておかねばならない。

(23)拙稿「蝦夷地のなかの「日本」の神仏——ウス善光寺と義経物語を中心に」（荒武賢一朗ほか編『日本史学のフロンティア』1、法政大学出版局、二〇一五年）二四九～二五〇頁。

(24)前掲『日本庶民生活史料集成』第四巻三九〇頁。

(25)谷本一之『アイヌ絵を聴く——変容の民族音楽誌』（北海道大学図書刊行会、二〇〇〇年）二八四～二八五頁。

(26)『江戸の戯作絵本』三（現代教養文庫、社会思想社、一九八二年）所収（小池正胤解説）。物語の本文だけでなく、挿絵にも着目したい。

付表　菅江真澄の義経伝説一覧

＊出典『菅江真澄全集』全一二巻（未來社、一九七一～一九八一年）

A　日記

1　天明四・九・一〇　鼠が関の保正富樫某に義経のいらたかの念珠あり／異文『齶田濃刈寝』①二二三頁　＊①は第一巻の略記。以下、丸囲み数字は第何巻かを示す。

2　天明四・九・一〇（二一）　矢吹に源義家の馬場の跡あり、義経が馬に乗った所ともいう／異文『齶田濃刈寝』①二二四～二二五頁

3　天明四・九・一五　（はまの温湯～鈴田の間）源義経の馬場の跡／『齶田濃刈寝』①一九一頁

4　天明四・九・一五　三瀬の宿、本明院に義経と武蔵坊の古笈二つあり／『齶田濃刈寝』①一九二～一九三頁）、異文『齶田濃刈寝』①二二五～二二六頁

5　天明四・九・二〇（羽黒山）　文珠坊に武蔵坊が書いた法華経・阿弥陀経あり、弁慶の糟鍋も持ち伝える／『齶田濃刈寝』①一九八頁、異文『齶田濃刈寝』①二二九～二三〇頁

6　天明六・一・二〇　衣川、古は兵多討死、洪水あり武蔵坊ばかり上に流れるという。鈴木三郎重家の塚ノ松、権ノ正兼房のしるしの石、弁慶の壟松（つかまつ）。光堂・経蔵、弁慶の九寸五分というものあり。和泉の城、亀井の松。武蔵坊が七道具を負った立像（近き世に据える）。九郎判官の館跡高館、武蔵坊の館跡。義経高館自害、霊牌は衣川村の雲際寺に収める。『清悦物語』高館落のくだり、『上編義経蝦夷軍談』高館落の

くだり、同五巻「泰衡攻泉三郎忠衡ヲ」のくだり、「忠衡密渡蝦夷ニ」のくだり、「海存、尚勝帰于日本ニ」のくだり／『かすむこまかた』①三三七～三四五頁

7 天明六・四・八(九)　高館落城のとき武蔵坊弁慶、おりしも洪水で一人水上に流れ行く。出羽・陸奥方言の弁慶(巻藁)の名の由来。中尊寺の薄墨桜(弁慶ざくら)。『清悦物語』、『義経蝦夷軍談』／『はしわのわか葉』①三七二～三七三頁

8 天明八・七・七　義経の女の旭の前(弁財天、朝日山安養寺常福院)／『率土か浜つたひ』①四五七～四五八頁

9 天明八・七・七　網屋場に義経が車に乗って下った古跡、義経が船を繋いだはなぐり岩／『率土か浜つたひ』①四五八頁

10 天明八・七・一一　三馬屋(三厩)、観世音の堂。観世音は源九郎義経が兜におさめていた一寸二分しろがねの形代。越前の国足羽某のもとを出た円空、観音像を作りそれを胸に納める／『率土か浜つたひ』①四六六～四六七頁

11 寛政一・六・一　田沢、小山権現。今の世に夷人(アヰノ)が判官殿というのはこの小山か。巴の紋／『えみしのさえき』②六一頁

12 寛政四・五・二八　銚子の碕の立石は九郎判官義経が隠れていた所、アヰノは神鬼(カムヰ)と恐れ尊ぶ／『蝦夷迺天布利』②一〇一頁

13　寛政四・五・二八　判官殿の屋形石という窟。判官の兜石／『蝦夷迺天布利』②一〇一～一〇二頁

14　寛政四・五・二九　イタンギという磯の名、源九郎義経が水をむすんだ器が流れ着いた所。アヰノは判官義経をヲキクルミといって畏み尊ぶ。あるいは判官は小山悪四郎判官隆政、江差に小山の観音あり、隆政のはぎまきを斎る。秀衡が義経に蝦夷渡りするよう書き残したみちのく物語もあり／『蝦夷迺天布利』②一〇三～一〇四頁

15　寛政四・一〇・八　仏が宇多（仏が浦）、ざえもく（材木）石は源九郎判官が松前の島に橋わたししようと牛にひかせた（牛滝の名）／『牧の冬かれ』②二七五頁

16　寛政八・五・一　鹿脛縢明神、源九郎義経のはぎまきをかけ神と斎う。松前の西にある小山権現、小山判官のかたはゞきをまつるに同じ／『栖家能山』③一〇一頁

17　寛政九・五・二七　道端の鳥居、源九郎判官の馬が死に埋めた所／『都介路迺遠地』③二四〇頁

18　享和二・五・五　源九郎義経が乗った太夫黒という馬は津刈郡立野の牧に生れる／『辞夏岐野莽望図』③三三四頁

19　享和三・六・二　正覚寺の正観音菩薩は源九郎義経が高館で持っていた御仏／『贄能辞賀楽美』③四〇八頁

20 文化三・四・一三（能代）弁慶の腰懸山／『宇良の笛多幾』③四三二頁

21 文化一・九・一〇（蘆埼）門馬荘兵衛の宿に、九郎判官義経が蝦夷島へ渡るさいに粮を借りた粟の券あり／『恩荷奴金風』④四〇頁

22 文化二・閏八・二一（米内沢）楢岡某の古文書のうち、安東某の家に伝わったという武蔵坊宛義経の書状（松前方へ指して趣く）／『美香弊の誉路臂』④六一頁

23 文化八・六・四（岩城村）竜宝山宝蔵院神王寺法印玉容、上祖は鈴木重家／『簷迺金棣棠』④二七六～二七七頁

B 地誌

1 （下村）阿弥陀堂、これを祭る鈴木又右衛門は鈴木三郎重家の後。秋田郡岩城村の修験神王寺の家譜／『増補雪の出羽路』雄勝郡一⑤五六頁

2 （三輪山杉林寺・当寺宝物数品）武蔵坊真蹟大般若一巻、弁慶亀井六郎へ書一巻、武蔵坊弁慶亀井六郎に寄書堅紙（大栗毛預借）／『増補雪の出羽路』雄勝郡三⑤二〇二～二〇三頁

3 （八沢木の守屋氏由来）守屋氏家蔵の義経公扇子、勝軍祈願として保呂羽山へ奉納／『雪の出羽路』平鹿郡四⑥一七七頁、図版〔二九八〕⑥六一七頁

4 （浅舞村・修験清光院）院中宝物に古物の笈、世に義経、弁慶の笈という品／『雪の出羽路』平鹿郡八⑥二九〇頁。

5 （二井田村・産物）山内孫右ヱ門の家に源九郎義経（丑若麿）が鞍馬にいたときに書いた一まきの書あり／『雪の出羽路』平鹿郡十⑥三七七頁

6 （上亀田村）三貫桜（銭掛け桜）、陸奥に赴く仮山伏の源九郎判官義経一行がここに休み、欲しがる小童のために武蔵坊が桜の枝を手折る。これを翁が花盗人と嘲笑い、償いを求め、弁慶が三貫の銀銭を与える。高岡に登って見ると、この三貫の銭は古木の桜に懸けてあり、桜木の神霊かと、義経聞き驚く／『雪の出羽路』平鹿郡十⑥三八三〜三八四頁、図版（四〇六）⑥六三一頁

7 （馬鞍村）柞山嶺ノ嵐坤ノ巻に、社（正八幡ノ社）中の槻木に弁慶が文字を書くという／『雪の出羽路』平鹿郡十一⑥四〇四頁

8 （杉目村）杉目氏。義経蝦夷軍談上編九巻常陸坊海存遇義経といふくだり、杉目行信にゆえよしある所か／『雪の出羽路』平鹿郡十二⑥四八五頁

9 （庭当田村）旭岡大明神御縁起（田村丸俊宗草創）、武蔵坊が書き納めるが焼亡／『雪の出羽路』平鹿郡十二⑥四九六頁

10 （旭岡ノ神主鈴木采女介重俊家譜）鈴木三郎重家の末弟、旭岡山明寿院の聟となる／『雪の

出羽路』平鹿郡十二⑥四九七頁

11 (横手外ト町チノ部・柏屋)柏屋九右衛門家蔵の義経朝臣の真翰。秋田郡北川尻邑市兵衛家蔵の書(頼置の馬具)。山本郡桧山大越某の弁慶の書(松茸進上)、陸奥国気仙郡の武蔵の書(竹子珍重)、このような類多い/『雪の出羽路』平鹿郡十三⑥五一七頁、図版(四五七)⑥六三七〜六三八頁

12 (山崎念仏堂・宝物並来由)九郎判官義経自作の千軀の弥陀木像一柱あり。松前の光善寺末院、義経山欣求院より授与/『雪の出羽路』平鹿郡十三⑥五五九頁

13 (羽州横手光明寺阿弥陀如来縁起)本寺安置の尊像は松前島義経山欣求院千仏の一つ、源義経自作。島に渡った義経は武威で島夷を服させ、一寺を建立し千仏を作る。本寺老上人秀任が渡海して持ち帰る。文政四年雪斉居士の書/『雪の出羽路』平鹿郡十三⑥五五九〜五六〇頁

14 (二瀬邑)越後の三瀬には義経、弁慶の笈あり/『雪の出羽路』平鹿郡十四⑥五七〇頁

15 清悦物語に云(仙北の治郎に関する箇所、秋田城介は山北殿の家老の後、常陸坊海存は仙北に存命し寛永七年死、など)。清悦は寛永七年夏まで生きて平泉にあり。正宗、清悦を召し所領を給うというが、清悦受けず。義経蝦夷軍談の「常陸坊海存遇義経」「海存尚勝帰于日本」に、常陸坊海存が駒形嶽で異人に行逢い神変不思議の術を得て志夫舎理の戦いに勝

ち、また駒形獄で仙道に入るとあり、そこから仙北などという所もあるか／『月の出羽路』仙北郡一⑦一四〜一七頁

16　（峯ノ白滝）みちのくに赴く源義経の女房、最上川をわたりしらいと滝を詠む／『月の出羽路』仙北郡二⑦八四頁

17　（附録巻）小杉山円満寺観音堂、武蔵坊弁慶が書く法華経など回禄にあい、焼残りも失われる／『月の出羽路』仙北郡二ノ下⑦二二六頁

18　（宝蔵寺歴代並来由）徳政夜話に、小貫高畠村の富樫源右衛門先祖は安宅の関で作り山伏の九郎判官義経主従を通した富樫左右衛門／『月の出羽路』仙北郡六⑦二二一頁

19　（仙北郡神宮寺郷古記由緒録）八幡宮に源義経奥州下向の奉納品々あり／『月の出羽路』仙北郡六⑦二二一頁

20　（熊野ノ宮のみまき）熊野古縁起、武蔵坊弁慶が文治年中にこの所を領知／『月の出羽路』仙北郡十五⑦四五九頁

21　六郷の能野宮由緒、文治三年武蔵坊弁慶再興。建久三年、鎌倉右大将頼朝、義経弁慶供養の三十二神安置／『月の出羽路』仙北郡十五⑦四六〇頁

22　（金沢中埜邑）三貫堰は三貫桜の地に掘ったことからいう。ここにも三貫桜の義経・弁慶の伝説記す／『月の出羽路』仙北郡十七⑧三四〜三五頁。

23 （元本堂邑）座主村、熊野権現の宮は武蔵坊弁慶建立（今、六郷にある熊野宮）／『月の出羽路』仙北郡二十一⑧一五七頁

24 （大久保）大久保氏は世に多く、平治物語に上野国大窪太郎の女のことあり／『花の出羽路』秋田郡⑧三六〇～三六一頁

C 随筆など

1 （銭かけざくら）ここにも三貫桜の物語記す／『比良加の美多可』⑧四三八～四三九頁

2 越後国三瀬の優婆塞の所に義経、弁慶の笈二つ残る。古笈は羽黒山、みちのく中尊寺、そのほかいずこにもあり／『粉本稿』⑨図版〔一七〕二八頁、四三〇頁

3 （阿袁蘇神仙）ある書に山に仙あるゆえに山北を仙北と書くという。常陸坊仙術を得て仙北郡駒が嶽に今も住む。仙台の青麻権現は常陸坊海存をまつると世にいう。『清悦物語』の清悦・海存、肉生を喰い世に存命。政宗と清悦坊の話しここにもあり／『布伝能麻迩万珥』⑩四八～五〇頁

5 （いつくしの滝）武蔵坊が植えた弁慶桜（墨桜）あり。高館の旧跡義経堂、義経は蝦夷島へ渡るという昔語り／『布伝能麻迩万珥』⑩五六頁

6 （田儛、節経）御曹司牛若君を慕った浄瑠利姫の謡曲／『布伝能麻迩万珥』⑩一一三頁

7　（あらはばきのみや）津刈の青森に九郎判官の荒脛巾を祭る社あり。また江指近くの小山に小山判官のあらはゞきを祭る社あり／『布伝能麻迩万珥』⑩一二九頁

8　（鶴が池、霞のつるき）竜宝山神王寺宝蔵院法印玉容が言うに、家の上祖は鈴木三郎重家。家譜あり／『布伝能麻迩万珥』⑩一七九頁

9　（うすきぬざくら）みちのく磐井郡東山荘薄衣村に清悦坊の塚あり。『清悦物語』あり／『さくらかり』⑩二九九頁

史料　『義経蝦夷渡記』翻刻

表紙の左端上部に『義経蝦夷渡記』と題名が、右端下部に「不忍文庫」と所蔵文庫名が墨で書かれている。また「不忍文庫」の左脇に後の所蔵者と思われる「奥山蔵書」の朱印が押されている。表紙を除く本文は二〇丁で、そのうち「よしつねえそわたり」が一五丁、「浄瑠理」が五丁となっている。翻刻にあたっては、以下のような措置を取った。（1）旧字体・異体字の類は常用漢字など現行の書体に直し、適宜読点・並列点を打った。（2）割註は、〔 〕を付し、活字を少し小さくして一行書きとした。（3）地名・人名などにつけられた左右傍線、

小丸記号はすべて省略した。（4）誤字の訂正（朱字を含む）についてはとくに断らずに訂正のみとした。（5）「浄瑠理」のカタカナ文（アイヌ語）の和訳語および読点はすべて朱書きである。（6）誤字・脱字などについては適宜（　）書きの傍注を付した。

よしつねえそわたり

一　泰衡ハ秀衡ノ一男ナリ、父ノ遺書ヲ泉ノ三郎ニ渡ス、松前ノ首令桂呂仁ト云アリ、秀衡ノ家人秋田次郎尚勝（秋田ノ売家也）白鷹ヲ以所望ス、時ニマカツ蒙古国ヨリ奥蝦夷ヲ侵ス、端《ソト》ヱソニモ至ル、是ニ於テ難義トス、秀衡ニ加勢ヲ乞、因テ義経ヲ加勢ト号シ松前エ渡シ、三島ヲ従テ島ノ首令トセント云、泉ノ三郎ヲ以テ義経ニ達ス、同意ニソアリケル、御供ハ弁慶・依田源八広綱・亀井・鈴木重家・黒井次郎景次・熊井太郎忠基・鷲尾義久・備前平四郎成房・佐藤三郎義信・同四郎経忠・民部卿頼然・下部喜三太・増尾十郎（権頭兼房カ子ナリ）ヲ始トシ、都合五十八人渡海ス、兼房ト海尊ハ城ニ残ケリ、杉目太郎行信ハ義経ノ面ニ似タルニヨリ姓名ト錦ノヒタヽレト下サルナリ、文治五年閏四月廿九日泰衡押寄、高館ヲ攻ルニ堅ク防テ黄昏ニ及ヒ引取ケル、其夜杉目城中ニ自害シ、首ヲ錦ノヒタヽレニ包ミ庭上ニ置テ、海尊ハ屋形ニ火ヲ掛落行ケル、城内ノ者迄是ヲマコトヽス、義経主従売人トナリ一トクキリミミニ津軽ノ深浦ニテ出合ト定メ、五月十日余ニ深浦ニ揃、漁家ニ宿リ、泉三郎カ音信ヲ待ケル、秋田尚勝カ父ハ富家ニテ松前エ交易ニ渡シニ、シブサリノ主長丹呂印ニ害セラル、父ノ敵ウタントテ秀衡ニ仕ヘケル、本国秋田ノ者ナレハ本貫《ウマレトコロ》ヲ家名トス、秀衡存生ニ尚勝ニヒソカニイヘルハ、汝エソニ仇アリ、幸ナルカナ、義経ハ吾家ニハ主君ノ如シ、吾死セハ鎌倉ヨリ討ルヘシ、一男泰衡ニハヒソカニ申キカス書ヲ渡セリ、義経ヲハ松前エ落スヘシト申含ケリ、于時深浦ニテ義経・弁慶・鈴木・喜三太舟ヲ求ント港ニ出テ初テ秋田ト名乗合、夫ヨリ尚勝本国ヨリ船ト兵粮ヲ回シ置ケレハ、直ニ松前ノ桂呂仁方エ渡海ス、松前ニ至竹白帋ノ鼻ニ案内シ陣営ヲ仕立住シケル

一　其役ニ泉三郎ヲ討ヘキ由鎌倉ノ下知ニヨリ、泰衡泉ニ討手ヲ向シ事ハ、文治五年六月七日鎌倉ヨリ飛脚、同十三日泰衡カ使者新田冠者高衡ハ、義経ノ首黒漆ノ櫃ニ入、酒ニ浸シ進上ス、実検ニハ和田義盛・梶原景時腰越ニテ行ハル、頼朝腰越へ使者ニテ、泉忠衡ハ義経ニ忠志アリ無二ノ由、違勅ノ者ナリ、誅スヘキ由勅命ノ趣ナリト有、泰衡密ニ忠衡ニ内通シエソニ渡ルヘキ由申ヤル、閏廿六日忠衡討手勾当八秀実ヲ向ル八十騎ナリ、泉ノ館ニハ忠衡郎等防キ戦テ屋ニ火ヲ掛ケ、忠衡ハ津軽へ落ル、供十人売人ノ体ニテ深浦ニ下リ、増尾三郎兼村〔歳十六〕御台・姫君ノ御供シテ下ル、十一月十日松前子《（ネ）》ブタノ湊ニ着シカ、白カミ鼻へ回船シ、十一月廿五日ニ着シ、何レモ対面シ、翌正月ハ文治六年也、亀井・鈴木ヲ使トシ、白カミタ《（ヨ）》リ上ノ国へ書面ヲ遣ハス、十二月二日沙牟印カ家ニテ上国ノ主長満

天仁ヲ討トル、喜三太ハ討死、上ノ国ヲ治城畳粗カマイ候、要害ノ地ナレハ御駕ヲ回ラサルヘシト云、義経正月十一日上ノ国ニ打立ツ〔頭注、喜三太カ刺客ヲ行タル事後ニ見ヘタリ、此時ノ事ニハアラス、正月十一日ニ打立ト其迄ハ後ノ事ヲ挙タルトミヘタリ〕、白紙ニウツル初ハ十一月廿日、義経上下四十余人、松前ノ案内阿利刺干供十人、武具兵粮数艘桂呂仁ヨリ送ケル、陣営ヲ立四十余日ニシテ阿利刺干ヲ上国ニツカハシ伺ハス、偖片岡ト秋田ト此島ヲ見田《(回)》ル、片岡島巡見ノ海満呂ニ行合ケル、怪テ片岡ヲ射ントス、片岡手ヲ合セテ伏ニヨリ、満呂弦ヲハツシテ近ツクヲ組シタ《(ママ)》、秋田来リテ引返シテ頼タキ由ヲ云、白紙ヘツレ来リ満呂ヲ御前ヘ出シテ、此君ハ日本ノ武将ナリ、桂呂仁カ頼ニテ蒙古ヲ退ケン為ニワタリ玉フ、汝従奉ラハ一郡ノ主トセン、満呂ハ天ノ与ヘト手ヲ合、平伏シ仕ント申ス、片岡カ曰、汝ハタ《(ク)》マイシノ巡察《メツケ》ト云シハイカナルモノゾ、某ハ奥ヱソノ未曾久《ミソク》〔後ニ義経此地ノ主トアル〕亜止利カ手下ニ我弟アリ、海満林ト云、吾等ハ蒙古ノ難ヲ避ケクマミ《(イ)》シノ金架奈ヨリ役ヲ申付ラレタリ、弟ノ海満林ハ智有、此地ノ案内能知リ、日本蒙古マテ地理ニ通ス、伴ヒ来ルヘシト、翌日ツレキタリ、白紙ヨリクマイシヱ四百里也、満林云、ヱソハ日本ノ東方、蒙古ハ西南ニアタリ、未曾久ヨリ蒙古ヘ七八日路ナリ、ヱゾハ三ツニ分、端《クチ》ヱソ、西南ハヱサシ〔松前ノ港ナリ〕、マツマイ、アクシマ、亀田、シヒケ、ヲンナイ、ヲヨベノ地ハヱトモ、タルマイ、西ハクマイシ、セタナイ、上国マテ也、中《(中)》ハセナガシ、グスイ、三ツイシ、シブシヤリ、アツケシ、奥ハ

西ハシリヱトコ、ニウホシマイ、東ハノツサブニ至リ、甚地広ク山河多ク人ナキ所多シ、奥味曽久首令ヲ亜止利ト云

一　端ヱソ奥ニ上国所首令満天仁ト云、此所ハ北ハシリヘチ島、コマキ、南ハウチラダケ、岩石ヲタ、ミ城郭ノ如シ、西海上荒クシテ船ノ往来絶ルト語ル、白紙ヨリ上国ヘ五百里富饒ノ国也、金銀ヲ貴ズ、熊胆ヲ多ク持ヲ富家トス

一　義経ノ命《ヲ、》セニテ、アリカンハシャムシャ印ニ至リ、交易トナツケ来ル、沙牟印カ娘ト阿利干ト密通シテアリ、此地ニ永ク止ラント思ケルカ義経ノコトヲ云出ス間ナクシテ、猟遊ノ先ニテ猿ヲ射トメ猟師ニ殺サル、沙牟印ト娘来リ家ニツレカヘリ、枕モトニクワサキト云物ヲ立祈禱スレハ蘇生ス、娘涕ヲ出シテナク、コレニテ密通ヲサトル、阿利干ニムカヒ、汝ハ何国ノ者ソ、何ニテモイフコトナキヤト問ヘハ、吾ハマツマヘヨリ来レリ、桂呂仁ニ仕タリ、日本人松前エ加勢ニ来リ白カミニ仮屋ヲシツライテ居セリ、願クハ日本人ヲ此所ニ招キ、此地ノ首令ニ告玉ハルヘシ、沙牟印同意ス、シカシ首令不智也、ミタリニ言出シカタシ、阿利干ハシハラクシテ死ス、沙牟印ハ阿利干カ下人ニ吾カ家人ヲ添ツカハシ日本人ヲ迎ケル

一　海満林ト事ヲ料ルニ、吾カ住シ亀田（ママ）ハ地セハシ、首令金カナハ事ニノソミテ用ニ立マシ、是ヨリ西五百里至リ上ノ国ハ要害ノ地ナリ、又東ニハ亀田モヨキ城地ナレトモ、此

二ケ所ハ首令在リ、ミタリニ入コトナラス、此地ヲ去ルコト百里ニシテ、シマモイト云処アリ、首令ハ万平須ト云家富ム、是ニ便リ事ヲナサハ成就スヘシト云、義経曰、人和ニ非レハ事成就スルコトカタシ、頼然カ先ニ云シコト此ナリ、汝ハ下モイニ行万平須ニ説テ謀ルヘシト、畏リ出テ行ニヱソ人ニ逢フ、何人ソト問ヘハ、丹須古ト云テ万平須カ手下ナリト云、ヨキ手掛リト思ヒ云、日本ノ商人交易場ヲ開ンスルコト汝カ主人ニ進メヨトイヘハ、丹須古万平須ニ語リケル、万平須悦ヒケルカ家人子タミ丹須古ヲ讒死サスル、熊石ノキルシ島母意《シマモイ》ノ印吉利ヲ満林白紙ニ同道シケルニ、両人ヘ引出物シ、伊勢三郎ト駿河次郎使者トシ、海満林ハ首令万平須夫婦ニ音物ヲ頗剣ヲソヘテツカハシケル

一　此ニ又上ノ国沙牟印方ヨリ阿利干横死ト、又ハ義経ヲ迎ル由ヲ申ス、頼然曰、先ツシカルヘキ人ニ雑兵ヲ添ヘツカハシ、様子ヲ伺玉ヘトテ鈴木三郎、亀井六郎、喜三太、雑人三十人、沙牟印カ家ニ至ル、ソレヨリ満天仁ニ対面シ進物ニテ悦セ、両人満天仁カ館ニ居ル、万天仁カ臣張計理謀テ曰、日本人此地ヲ取シ謀ナリ、今勢ノ微ナル日本人不残誅シ玉ヘト云フ、満天仁ハ音物ニ迷ヒ張計理ハ逆臣ナリ、吾ラ害セントスル罪遁ルカタシトテ多勢ニテ誅之、亀井・鈴木、聞テ悦ヒ砂牟印カ所ニ満天仁ヲ招待シ、喜三太魚ノ腹ニ剣ヲカクシ、宮仕ノ時ニ満天仁ヲ刺殺スニ、喜三太モ下人トモニ討レタリ、是ニ於テ上ノ国ヲトリ果《ヲ、》ヒタリ、島モイノ万牟《(平)》須カ臣羯悪志《カツヲシ》聞テ驚キタマイシ、金カナニモ言送リ、正月廿五日百余

人ニテ白紙ヲウタントスル、熊石ノ喜留志ハ首令ヲ進メ、日本人ト心ヲ合セ国ヲ全シ、蒙古ヲ退クルコト肝要トイフニ、金カナハ義経ニ従ヒケリ、羯悪志三百人ヲ従テ白紙ニヲシヨセ、兵粮雑物ヲ一艘ニツミ、アリナイニ送ル、弁慶・頼然カ守ルニ五十余人本陣トシ、伊ヒ《(セ)》・スルガ三十人供ニ山ノ上ニマワシ置テ、戦半ニ敵ノ横ヲウツヘシト、海満林ハ四五人ニテ山ノ手ヨリ遠矢ニ射ントスル、金カナハ万平須ニ説キ、義経ニ従ヘシトイヘハ、羯悪志ニ兵ヲ返セトイヘト大ニ怒リ、白紙ニヲシヨセケル、敵ヲ思フ図ニ引カケ、頼念・弁慶討チ出戦ケル、海満林山ノ手ヨリ子ライ、羯悪志カ眼ヲ射ル、ヒルム所ニ後ノ山ヨリ伊勢・駿河切カヽル、終ニ羯悪志ヲウチトル、島モイ主万平須、熊石ノ主金嘉那ハ降参ス、人質ヲトリテ両主ヲハ返シケリ、上ノ国ノ民義経ヲ首令トス、夫ヨリ上ノ国ニ安居ス、五月渋沙利丹呂印ヲ退治セント議ス、是ヨリ三百里ノ陸ナリ、船路ニテ五百里、上ノ国ヨリ西南ニ当リ、嘉妻太ノ首令加金須ト云ハ不従ニヨリ、泉三郎大将トシ、黒井治郎・伊勢三郎・海満呂三百余人、搦手大将依田備前・増尾・海満林三百人ヲシヨス、渋砂利ヘハ陸方ハ追手ハ熊井大将トシ、鷲尾・駿河三百余人、搦手ハ秋田・武蔵・頼然・松前ノ勢五百余人、亀田・渋砂利ノ内一方攻落サハ一手ニナリ助アフヘシト、亀田ノ主加金須聞テ宇宛比ト商議シ、一千五百人二ヶ所ニ分ケ、宇宛比・加金須三千余人出張シ防ントス、海満呂ハスヘチアト云処ニツキ、チキクニ・セイナガ・グンスイニ出張ス、泉ハ敵アナトルナトテ搦手ト様子キヽ合スヘシト陣ヲ構ケル、搦手ハ二日後レグンスイニ着ス、泉ハ搦手心モトナク数百人ヲ率シ見マイス、敵ヒソカニ火ヲ廿五日ノ夜ニ放シ切カヽル、搦手危シ、泉ハ火ヲ見テ馬ヲハヤメカケ付ツイテカヽルニ、備前・伊勢・増尾（十五歳）四方ニカケタテラレテ引退ク、亀田ニテハ宇宛比ト久利満ト争論シ、久利満、宇宛比ヲ討テ泉カ陣ニ降参ス、泉悦ヒ軍配ニ曰勢奈瓦《セノナガ》ハグンスイ出張シ、過半ハ諸軍アルヘシ、宇宛比ハウタレケレハ亀田ハ虚ナルヘシ、来ル三日ニ左右一度ニ攻ヘシ、戦半ニ伊勢ハ敵ノ後ニマワリ本城ヲノリトルヘシト定ケル、三日戦半ニ伊勢三郎搦手ヨリグンスイヲ横切ニ勢奈瓦後ヲ通リ、亀田ノ本城ニヨセテ鬨ヲ上テ城ニ切入ケル、ソノ隙ニ放火ス、首令加金須ト勢奈瓦一ツニナラント逃タルニ、グンスイニハ搦手ノ大将依田ハグンス井ノ柵キハニ押付タレハ、首令ハ泉カ陣ニ降参ス、端《クチ》エソハ不残平定ス、渋砂利ヲ攻ントス、秋田ハ搦手ノ大将五百余人クンスイニ着キ、敵ヲ五十里ニ欺ク、クリマト云所ニテ戦打マケタリ、弁慶ハ白カミコリ《ノコリ》ノ兵ニテ渋砂利イワナイニ着船ス、三方ヨリ攻ント待アハスル、秋田打マクルト聞、弁慶三百人ヲ率ヒ秋田ヲ救ントス、頼然五百人イワナイニ陣ヲトル、丹呂印軍ニ打勝ケレトモ残党三百ニ止ルトキニ、秋田カヲシ寄ントソ謀リケルニ、茲ニ欧大意ノ首領加理元ハ渋砂利トハ中アシケレト、其マヽヲキテハ己ニカヽラント思ヒ、二千人ヒキヒ岩内ニヲシ来リ、頼然カ二百人トタヽカヒ、頼然ノリマワシ〱打トルニ、岩石ヲホキ浜ニテ岸ニ馬ヲノリ損シ谷ヘコロヒ落テ死シタリ、義経未曾久ヲトリ給シ時ニ頼然カ霊顕レ土人神ニマツリケル、義経ヲキグルミト云ハ義経ト云フコトナリ、ヲキクルミト云ハ判官ト云コトナリ、ライグルミハ頼然カコトヲヱソニ唱ル、弁慶カ崎ハイワナイニ着船シタル処アリ、弁慶ミ(三)ツ石ニ陣ス、岩内ノ陣ヲ敵ニトラル丶ト聞驚キ、秋田ハ敗軍シミツ石ニテ弁慶ト一所ニナル、追手ノ大将熊井ハ道中ニサ丶ヘラレ、廿日後レミツ石ニ来ル、六百人二手ニシ岩内ノ陣ヲトリカヘサント謀ルニ、岩内ノ勢ヲ丶イニカヘルニヨリ渋砂利ヲ攻ントスルニ、丹呂印ハ二千人攻来大手搦手一度ニ戦フ、上軍ノ大将吉利英両手ヲ上黒気ヲ吹、下軍ノ大将羌奴貴髪ヲフリ手ヲ組テ開ケハ、闇ヤミトナリ形ミヘス、日本勢大ニ敗軍ヲスル、五里引取ミツ石ニ陣ス、亀田ヨリ依田・片岡・増尾三千ミツ石ニ来ル、一手トシテ千余人シブサリヲ八十里隔テ、シリフカト云所ノ川ヲ前ニ当テ陣ス、千余人ハ岩内ニ陣ス、ミツ石ノ千五百人里々ヲ攻落シ、渋砂利ト大タイト通路ヲ塞キ、シフサリヲ攻ントス、丹呂印千余人ヲ引テ寄来、羌奴貴ハ熊井ノニ(矢二)射落サル、丹呂印カ奇術ニテ弁慶・依田大崩ナリ、依田ハ廿里引、弁慶岩内ヲカタク守ル、吉利英シリフカヘ押寄ケルニ、片岡・秋田奇術ニアフテ大ニ敗軍ス、吉利英モ手負テシフサリニ引、海満呂・海満林シフサリニ夜打シ柵キハニ鬨ヲ上ルニ城中狼烟起、四方ヨリ取コメラル、兄弟アシクルノ術ヲ唱、敵目マイ手足ナヘ耳聾、兄弟ス(ヌ)ケ穴ヨリ逃カヘル

一　渋砂利ニハ岩ナイ・ノマナイ日本勢ニ打勝トモ羌奴貴ウタレケレハ、娘ノ羌奴定親ノ弔軍ヲ子カヒ、三千人ニテミツ石ニサカ寄ス、海満呂曰、丹呂印カ愛妾羌奴定コサ吹芝隠ヲ得候由ヲ云、熊井太郎真先ニ幻術ヲ行ハヌ先ニ射落サント欠出ケルカ、羌奴定ハ歩立ユヘニマキレテミヘス、其内ニコサフキヲナスユヘニ日本勢多クウタル、暫ノ間ニ白昼トナル、コサフキ出ル方ヲ目当ニカケ出ス、羌奴定クリマヲサシテ逃走、追テ射カクレハ形カクレ、又顕レハ追ヒ小路ニ行カヽリケレハ、山野皆敵トナリ、熊井馬ノハナヲ射ラレ倒レ歩行立ニナリ、又コサ吹ニ迷ヒ落シ穴ニ入テ生トラレ、満呂・西仮波・孟志貴・休佐保ミナ擒トナル、皆速ニヱソニ殺サル、海満林ノカレ来ル

一　弁慶ハ残兵五百人ニテハ敵来ルニ於テナンキト察シ、皆々岩内ノ浜ヨリ船ニノリ、ラケシリ島ニ引取ケルカ、上ノ国ヘ飛脚ヲ立加勢ヲ乞ニヨリ、九月廿五日ニ義経忠衡出陣、一手ハ義経・佐藤兄弟・砂牟印千人、一手ハ泉ヲ大将トシテ黒イ、シマモイノ満平須、クマモイノ貴ル志千人、都合二千人、十月廿日ウケ石着ク、去ル七月ミツ石・ノマナイ・シリフカ三ヶ所同時ノ合戦日本敗軍ニテ、岩内弁慶カ陣ハカリフミ止リヌ、義経・忠衡シフサリ百里コナタ、伊曾也ニツク、兵粮用意ハ白カミヨリ回船着岸ス、ラケシリ島ヱ告知シム、依田・片岡・鷲尾・増尾・駿河諸将イソヤニ集リテ手分シ、一手ハ泉・秋田・黒(黒井)・万平須・キル志・海満林一千五百人シリフカニ陣スニハ、依田・スルカ・片岡・カキンス・

ソンマン・ウメンハ・クリマン千五百人志マ内ニ陣ス、一方ハ御大将義経ノ本陣ニテ、武蔵・鷲尾・増尾・佐藤兄弟・砂牟印二千人、遥ニ隔イソヤニ陣シ伺ケルニ、ヲヽ大意ノ加理元ハ岩内ノ一戦ニ勝、日本恐ルヽニ足ラスト渋砂利ニモ敵スヘキ体也、義経是ヨキ計コトナリト、シブサリトヲヽ大イト同志ウチサセ、両虎挑ム所二ツナカラ一ツニトルハ軍法ノ奥義ナリトテ、エソトモニ米酒ヲ与ヘテサマ〳〵ノ虚説風聞サスル、コレヲマコトヽシテ丹呂印一千人、宇満留将トシテ加理元ヲウツ、加理元大ニイカリ、我岩内・三ツ石ニテ援クレハコソ日本ニハ勝タル、ナンソ我ニ敵スルヤト大ニ戦フ、泉聞テ義経・依田ニ調シ合、十一月廿日渋サリニ推寄、シフサリ半塗（途）ニ出テ、日本勢タヽカヒ敵ヲ追退クル、コヽ地ニテ、シリフカ川ヘ引シフサリニ引入ケルカ、日本勢帰路ヲサヽヘタヽカフ、泉ハ黒井・満平ス・喜ルシヲ左右ニソナヘ、敵ヲトリ込ントス、義経・依田ハ百里ヘタヽリテ敵ノ有無ハ知サリケリ、丹呂印コサ吹起シクラヤミトス、秋田ハ心得五百余人真丸ニナリ味方ノ陣ニ引、コサフキハ一里四方クラヤムナリ、此ハ泉カハカリコトニテ秋田ヲ先日ヨリ伏置タリ、丹呂コサフキ行フユヘミ（三）陣ハ援フコトナラス

一　イソヤニ陣シ寒気ナレハ堅ク守ル、来年二月ハエソ衆ニ昼夜軍法ヲ教、隊伍ヲ作ラレケル、義経ノ武芸ヲミンコトヲ望ケレハ、早ハサ、ケン術、高木飛ノホリ飛コヘ、飛鳥ノ業馬ノリ岩石丘陵ヲスヘミセラレケレハ、エソ感シ怖レテ服シケル

一　元《(建)》久二年二月八日千人ノ軍兵前後百人ツヽ十組ニ分、残千人鷲尾本陣ニノコシヲキ、又泉三郎ハ黒井・海満林・万平須・喜留志百人一組已上千人、秋田五百人本陣ヲ守ル、一方ハ依田・スルカ・加金ス・孫麻志・雨綿皮千人十組、片岡五百人、此手ノ留守居ト定、忠衡カ先陣万平須百余、渋サリニ推ヨセ鬨ヲ上レハ、小勢トアナトリ備ナクマチ〳〵ニ走出タヽカフ、日本勢ハ五色旗一組々ニ差進退、大将ノ下知ニ従ヒ、一組引ハ一組百人ツヽ入替〳〵攻タリケル、是ニテ敵ヲウツコト数ヲシラス、味方ハ百ニ一ニウタルヽ、義経三方ノ陣ヲミワタシ遥ノ後陣ニアリ、旗ヲ回シ下知ス、初ハ敵方事トモセサリシカ、次第ニ人数ヲクリカケ、クリ引、入カヘ〳〵、渋サリヨリシリフカ・志マイ《(ナイ)》マテ百余里ノ間、野ニモ山ニモ五色ノ旗ヲ動シケル、丹呂印・姜奴定ヲ先手ニ加ヘ討テカヽル、義経ノ勢、右方ハ佐藤三郎十九才百人ヲ率ス、左方佐藤四郎十六才百人、中央ハ増尾三郎十八歳百人、羌奴定カ千人ヲカケ破シトスヽム、羌奴定コサ吹ヤミトアル、義経遥ニ黒烟ヲミテ旗ヲ動シ左右ニ開シム、一陣二陣ハ崩レトモ余ハ堅タ《(ク)》ソナヘタルニ、シハラクノ黒烟消レハ起方目当ニ打テカヽル、又起レハ開キ消レハカヽル、日西ニ沈ケレハ旗ヲ以テ軍ヲマトメ引取リヌ

一　義経ハイソヤノ陣ハ敵合遠トテ、片岡ヲ残ヲキ、三ツ石ノ熊井カ旧営ニ入玉フ、宣フハ敵ハ陣位ヲ知ラス、サレトモ幻術アリテ度々ヤブラルヽ、兵粮運送モ自由ナラス、イ

カヽセント宣フ所ニ、鈴木・亀井カ使備前并桂呂仁カ使安呂由、秋田郎等堀尾新八忠辰、兵糧名馬多持加勢ノ為ニ来リ、常陸坊モ到着ス、義経悦対面有、海尊ハ高館シマツシ、君ニ追付ント志、津軽ノ駒形嶽ヲ通ルニ老翁ト逢、異相ナリ書一巻ヲ授リ、正月津軽ノ深浦ニテ堀尾忠辰ニ行逢、君上ノ国ニ居玉フトキヽ、松前ヨリ上国ニ至リ、鈴木兄弟ニ対面シ承リ参リシナリ、備前平四郎成房モ加勢候トカタル

一　海尊伝ル所ノ術、ヱソノ幻術ヲタ（ク）ヂクヘキ術ナリケレハ、此度ノ合戦ニ羌奴定ヲ擒ニスヘシトテ、備前トスルガヲハ伏兵トシ、三百宛二三日以前ヨリ、シブサリ五十里去南ノ山際ニ忍セヲキ、秋田・堀尾・安呂田（由）・馬全印二千人、三石本道ヨリ向セ敵ヲ図ニ引付ントハカル、義経・依曰（田）・泉、海尊ヲ軍師トシテ百人組ニ五色ノ旗ヲ以スヽム、シブサリニハ羌奴定ヲ大将トシテ、阿羌・久万留是従テ二千余人、一手ハ宇麻留ヲ大将トシテ、仮甫乱・乱計留従テ二千人、一手ハ仁志麻留大将トシテ千余人、合五千人三石本道ニ向来ル、先羌奴定カ先陣久万留・秋田ト戦、夫ヨリ互ニ入乱タヽカフニ、胡沙吹起ルトイヘトモ、常陸坊カ呪文ヲ以消失ル、久麻留ハ海獺皮ノ鎧着、太刀ニテ働ケルカ、弁慶カ長刀ニカヽリウタル、羌奴定モ術尽テ遂ニウタレケル、乱計留ハ万平須ト戦ヒ、スツ打棒ニテ横ニ突、万平須大刀ニテ払、トモニ痛手負テ雑兵ニウタル、喜留志カ聟ナレハ大ニ悲ミ、死骸ヲ埋ミ、シルシノ聊ヲウエケル、仁志マルハ堀尾新八ニ射コロサル、扨ソノ日ノ軍ハヤミケル

一　三月廿日三方ヨリ一隊ニ旗ヲサシ進ミケル、仮甫乱許木棒ニア《(テ)》大勢ヲ打コロスヲ、依田カ矢先ニ射落ス、又スルガカ矢先ニ敵将多ク打トル、丹呂印ハ大ノ男錦ノ袍ニ海獺皮ノヨロヒ、弓矢ヲトリ、面ハ夜叉ノ如、声ハ牛ノホユル如ノ奇術ヲナストイヘトモ呪文ニ消サレ、不叶シテ南ノ山際ニ逃行ニ、常陸坊此処ニ城中ヘノヌケ穴有コトヲ知リ、前日ヨリ秋田五百人ヲ伏セヲキ、丹呂印コヽニテ秋田ニウタレケル、秋田年来ノ本望ヲ遑《(達)》ス、丹呂印色黒青長九尺五寸暴悪ニシテ、島民トモニ怨ヲ含ナリ、遂ニシフサリノ城ヲ落シ焼払フ、義経丹呂印カ城郭ノナ《(ア)》トヲミルニ人力ノ及ハヌ精工ナリ、シフサリ平定スレハ、欧大意ノ加理元モ降参シケレハ、義経シフサリニ三十日止リ、上ノ国ニ帰陣セラル、後数年ヲヘテ弁慶此地ニ死ス、判官ソノ霊ヲ祭リテ此地ノ守護トス、令《(今)》ノ島コマキ西ニ弁慶カサキト云地名アリ、八月義経若君島丸ヲ設ケ玉フ、十五夜宴会ヲナシ、自ラ笛ヲ吹玉フ、砂牟印和琴ヲ弾シ、増尾朗詠一曲ヲカナデケレハ、夷人モ感シケル、此地ニ名鷹多ケレハ鷹狩シテタノシミタマフ、秋田ト常陸坊ハイトマヲ乞テ本所ニカヘル

一　義経衣川生害ト書記ス、ヱソ国ニ於テ弁慶崎ライ子ン崎等ノ地名義経初度ニ白神ハナ陣営場セトイ、伝ルニ引合

一　エソ伝ニギクルミ、又ヲキクルミト称ス、ギクルミトハ判官也、ヲキグルミハ判官奥国ト名ノリシト、船頭カシブサリニテ聞来也、今ヱソニ浄留理アリ、天女ト義経ノコト

ヲ作リタル文章ナリト云、腹ヲタヽキ語ルトイヘリ、ヱソ常ノ唱ニヤエコヨロシカレヒルカギタルミニ申スト、キクルミノ宮アリ、毎歳正月元日二日三日参詣ヲナシ、功臣十二人年始ノ礼アリト申伝フ、金国ニ渡ルノコト其証慥ナラス、然トモ此国ノ門戸ニ画像ヲ祭ルモ廷尉ノ像ナリ

一　和漢史考毛人《ヱソ》ト云ハ秋田・津軽トス、東奥ノ事ナリ、廷尉蝦夷ヲ平治ノ後ニ北韃靼ヘワタリ子孫狄ニアリ、今中華ヲ一統シ清朝ト云モ、清和源氏ノ清ナリト云伝フ

一　津軽タツヒノハナノ向ニ、シラカミハナト云アリ

一　志夫砂利ノ大将阿羌夷ト云、主領ヲハ丹呂印ト云、夷女羌奴定モウタレケル

一　丹呂印ヲハ秋田尚勝父ノ敵ナリトテ討取ナリ

一　常陸坊ハ上国ヨリ暇乞シカヘル、津軽ノ駒形ノ嶽ニテ仙道ニ入ラン、秋田次郎モ同船ニテカヘル、津軽深浦ニ忍玉ヒシ御台、シフサリ退治ノ後、八月若君島丸ヲ生ム、高館ニテ生ルヽ姫君ハ五歳ニナリ玉フ

一　奥ヱソ未曾久ト云所アリ、専蒙古ト合戦ス、義経八年ニシテ平定ス

一　民部卿頼然ハ、シフサリヲ攻トキ谷ニ墜テ死ス、今ニ頼念ハナト云、弁慶上国病死ス、弁慶ハナアリ、葬埋ノ所ナリ

一　毒箭ハ烏頭蜘蛛ノ令（合）テヌル、根ハ鹿ノ骨ナリ

一　往昔ヱソヲ或ハ毛人ト称ス、齶田《アキタ》・津軽ノ事ナリトモ云、松前モ元来ヱソニテ、桓武ノ比、坂上田村丸悉収束、夷地依海為塞ト云、嘉吉三年、源信広越海入夷中、遂其南海北地ヲ平定スト云、信広者若狭人武田太郎ト称シ、蠣崎ト名ナル、今ノ松前ノ祖ナリ

此冊吾友度会氏〔三春ノ旧臣度会外部《トベ》ト云〕の家に、はかなき草紙に、きゝ書の様にかいつけたるものなり、度会ハ秋田の候臣なれハ、拠処もあらんとて、うつしとゝめつるなり

倉谷彊識

文化八年十月以倉谷又八本写之〔又八ハ三春儒臣ナリ〕

＊倉谷彊は、長澤規矩也監修・長澤孝三編『漢文学者総覧』（汲古書院、一九七九年）によると、彊（名）、鹿山（号）、子勉（字）、又八（通称）と称し、磐城三春に生れ、三春藩儒となり、天保四年（一八三三）に没している。

浄瑠理〔方言スウカラ、段もの也〕

ユビ《兄》、トレシ《妹》、トラノ《一所》、ヌブリ《山ノ》、ヤシクネ《上ニ》、ヲカイ《居》、ユビ《兄》、イク《呑》、ワツカ《水》、シンナイアン《別ニ有》、テウカイ《私》、イク《呑》、ワツカ《水》、シンナイアン《別ニアリ》、シロカニ《銀》、ワツカ《水》、ユンカニ《金》、ワツカ《水》、シ子ト《一日》、

テウカイ《私》、イク《呑》、ワツカ《水》、イシヤマ《無》、アイラメコモ《仕方ナシ》、ヱクシユコンナ《無トヲモヒシニ》、ボロン《多》ノアン《有》、イク《呑ト》、ホニコロ《懐胎シ》、ボンジヨ《稚子》、ヘトク《生レ》、ユビ《兄》、キンタカラ《腹ヲ立》、テウカイ《私》、トシ《縄ニテ》、ラマレ《縛リ》、ヌブリ《山ノ》、キタイキ《上》、ヲロワノ《コ、ヨリ》、アラカリセ《転シ》、チシ《泣》、ガネ《ナガラ》、ヌブリ《山ノ》、チヨロボキ子《下》、ヲカイアルシヤラン《獣多来リ》、カイマシ《化物》、ボロン《多》、アルキ《来リ》、テウカイ《私》、カル《拵》、ヲマンテ《遣シタ》、ホンジヨタバンナ《稚子ナリ》、レヤナキニ《女モ》、テウカイ《私》、マチタハンナ《妻ナリト云》、トシ《縄ヲ》、ヌカリ《見》、ヤイラメコモ《仕方ナク》、キラ《逃ル》、シヤマイクル《義経》、アルキ《来リ》、テウカイ《私》、カルヲマンテ《拵遣シタ》、ボンジヨ《稚子》、タバンナ《ナリ》、テウカイ《私》、トラノ《一所ニ》、ヲマン《行》、チセタ《家ナリ》、ヲマン《行》、腹立〔夫婦ノ腹立ノミ　ヤイシヤンヘコイナト云リ〕ヤイシヤンベコイキ、クシユ《テ》、ホツケハアン《寝テイル》、シヤマイクル《義経》、イルシカイケシユイ《何故寝テイルヤ》、ボンジヨ《稚子ニモ》、トラノ《ヲナシク》イケシスイ《調ヒ》、シヨイタ《外トヘ》、ヲマン《行》、アトイ《何ノ》、アシキネ《上ヘ》、ヲマン《行》、ヲン子《大》、ワタラ《岩》、ポン《小》、ワタラ《岩》、アトイ《海ノ》、ノシケタ《真中ニ》、ロシキハ《立》、ヲカイ《居ルヲ》、ヌカリ《見》、ヤイシヤンベコイキ《腹立》、チセタ《家ヘ》、アルキ《来リ》、ホツケハバテキ《腹立》、ヲカイ《寝テイル》、タネ《間ガ》、レバ《三年》、ユビ《兄》、アルキ《来リ》、イタク子ハ《言ニハ》、テウカイ《私》、レバ《三年》、ウナシケ《佗言シテ》、アイ子タ子《只今》、ビリカ《能》、シヤマイクル《義経》、アルキ《来ル》、チキイテツケ《来ラハカナラス》、ウヱン《悪ク》、ハロンヤンケ《云ナ》、タ子《今》、ラムライケクシユ《腹立直ル》、ヲロワノ《コ、ヲ》、ユヒ《兄》、ヲシビ《帰ル》、マタ《秋》、ヲロリノ《比カラ》、シヤマイクル《義経》、トラノウルメクル《夫婦ニナリ》、ホヲ《子》、イ子ン《四人》、ヘトク《生》、タ子《今ハ》、ヘカヱクシユ《年寄タリ》、シヤマイクル《義経》、ホヲトニ《子二人》、トラノ《連》、コタジダ《故郷ヘ》、ヲマン《行》、テウカイ《私》、タ子《今ハ》、ヘカヱクシユ《年寄タリ》、ボヲトニ《子二人》、トラノ《連》、コタンダ《故郷ヘ》、ヲマン《行》、ヘカヱ《年寄》ヤイラメコモ《仕方ナシ》、ボンシヨウタレ《稚子ト》、ヲカケタ《其所ヲサリ》、コタン《テ》、シワカマ《ワキスム》、

本文之訳和語に直して少しく意味を加へミれは、雷妹と一所に山の上に住、兄の呑水銀水金水、妹の呑水も銀水金水別に有、一日妹の呑水一漏もなし、なしてこまりしとおもふうち多く踊《（涌カ）》出るれハ、心の儘に呑服しぬ、しかるに懐胎し子生れたり、夫なき事ゆへ、兄の雷腹を立、縄をもて縛り、山の上より転し落し捨られは、女泣居けるに、獣化物とも多来り、我子妻なりといへとも、縄かけてあるをみて、皆逃行ぬ、しかるを義経来り、我妻子なりと家へつれぬれは、みしらぬ人ゆへ、女腹を立寝て居けるまゝ、何ゆへに寝ているやと母子ともに尋問しても答へなけれは、義経も腹立して稚をつれ家を出、海中に大岩小岩あり、夫に住しとそ、扨女是をみて、いよ〳〵腹立、家へかへり三年の間寝て居けるを、兄の雷来り、夫か義経にて我三年詫漸心解たり、かへり来しはかならす悪く云事なけれと示し教へて雷ハかへりぬ、さありて秋比より義経夫婦になり、中睦しく四人にて子を持、今ハ年寄りこれはとて、二人つゝ子を分れ其処を去り、互に故郷へかへり住しとそ、

本文の女水を呑懐胎したるより発端して要の意味と聞ゆ、しかるを何ゆへ水を呑懐胎せしや、此文意にてハ分らぬなれは、度々夷人又ハ方言に通したる者に問けれは、其答に元来女ハ鯱に嫁すへき兼約を兄の雷なし置しより、しかるに義経此女に心を掛られ、呑水尽たるも又踊出たるも、義経の仕業にてかの水を呑は女必懐胎す、さる上ハ我妻子なりとひとり誓ひ置たまひけれとも、雷子とも曽てしらぬことくきこゆ〔是迄の意味前段に有よし〕、扨

かの水を呑懐胎し父なき子なれは、雷いかり縛り捨たるを、妻子なさんと獣化物来りみれとも、縄掛てあるをみ、皆逃去りぬ、義経来り給ひ、兼て心に誓ひ設られし事なれは、我妻子なりとのたまへとも、見しらぬ人なれは女得心なし、されともゆるさす、母子とも我家へ伴ひ給へは、女腹立よからすなしたるゆへ、義経に腹立して岩の上へさり住給ひしなり、兄の雷これをしり、扨ハ夫ハ義経已前の仕業もかの人かと初てさとり、さあらは捨置へきにあらすと、三年詫してかへり給ひし事ときこゆるなり、もとより文字なく愚昧のもの、殊にむかし作りしを口うつしに覚へ来るまてなれは、始終さたかならす自他わきかたし、又和へあてゝミれは言葉前後重言足らぬ処等多し、されとも彼等か上にハ前後勿論重言足らぬ所もなくきこゆるかも、たとへは一ゟ十迄ハ順に算へ十一となれは一十と算へ行也、これらにあてゝも定て言語文意等不順なる所有へし、度々尋問して書尽し、書付やうやく是迄にハなりぬ、たゝかゝる大地殊に愚昧の上にも、これらの事もあると言をしるまての事也

一　言語舌たらぬものゝことく、語の切る所たしかならす、さありなからす言事をシユと云べつ（ママ）などゝ云にくき音声をおもにつかう也、其上五音の外の音声を遣ふ、口うつしにハなりかたし、これ文字なけれは五音を弁へぬゆへ也、よりて一子（字カ）を五人に問へは、てにをは五色に違ふ故、深く意味を正して何の答なきなれは、只其およそにきこへたるのミを

しるす

一　義経〔方言シヤマイクル〕蝦夷地へ渡来し給ひしといへる事ハ和にても申事なれとも、文字なき地なれは是々といふつまひらかなることなし、夷人虎の皮の尻鞘の太刀を佩し武者絵をみれはシヤマイクルなりと云、又三厩は馬を繋し所ともいへり、且又箱館に薬師山とへ《(ママ)》あり、是等にも弁慶ちとり道と云も千とり掛にミゆる所有、或ハ東蝦夷地ユウブツとサルモンベツの間、シヤタイヒといへる所に近キ比近藤何某祭り置れし義経の神像社あり、此山奥に所持の武器等持伝へし夷人再《(互カ)》に城跡といふ所なとあるよし、かのシヤタイ通行の節、夷人の物語りぬれとみぬ事なれは、其語となりかたし、かの近藤何某ハ御領已来度々渡来も有しことゆへ、慎なる事ありてか其趣意ハしらす

一　弁慶〔方言ホシクベ、本文の段ニハなし〕余の段ニ有といへり

一　雷〔方言カンナカモイ、本文之段に名ハ出す〕前段ニありといへり

文化六年夏鈴木重宣本写之（この一行に朱線引）

第三章

義経蝦夷渡り伝説の地方的展開

――三厩の観世音縁起をめぐって

はじめに

文治五年(一一八九)、藤原泰衡に襲撃された源義経が自殺せずに平泉を逃れ、蝦夷島(蝦夷地)に渡ったという蝦夷渡り(北行)伝説は、寛文九年(一六六九)のシャクシャインの戦いを契機とした北方への関心の高まりとともに俄に語られはじめ、中央の知識人らによって虚構の物語が紡がれていく。旧稿で述べたように、[1]蝦夷渡り伝説はそれ以前に蝦夷地を含む北日本にも広まっていたであろう『御曹子島渡』系統の物語とは義経の不死伝説であるという点で一線を画する。『御曹子島渡』系統の物語から派生した伝説・旧跡も新たな義経物語によって利用・再編されていった。その結果、東北・北海道の各地に義経の蝦夷渡り(北行)伝説を発する堂社や旧跡・遺物、あるいは地名が少なからず存在し、蝦夷渡り(不死伝説)を証明するものであるかのように人々を誘動している。

本稿ではそれらの一つ、津軽半島(弘前藩)の三厩(三馬屋)の蝦夷渡り伝説を取り上げてみようと思う。三厩は義経が蝦夷(夷島、蝦夷島、蝦夷地)へ渡った場所とされているところである。しかし、近世の中央の知識人たちにとって、義経が蝦夷へ渡海したという行方に興味はあっても、平泉から逃れてのち、本州のどこから蝦夷島へ向けて渡ったかの経過はおそらくどうでもよかった。出船場所にこだわっていくのは、むしろその新たな蝦夷渡りの物語を受容した地方・地域の側であったに違いない。昭和戦後、義経の逃亡ルートを一本の線のように「再現」してみせたのは東北地方の郷土史家とでもいってよい人たちの掘り起こしであったことからも、それは頷けるだろう。

近世の三厩の義経蝦夷渡り伝説に関しては、いくつかの観世音縁起があり、菅江真澄など旅人の記述も少なくない。三厩における義経伝説がどのように語られてきたのか検討してみることは、その地方的展開を検討するうえで有意義な事例といえよう。むろん、一度語られだすと、地方化と中央化の相互（相乗）作用を通じて確からしさを獲得し、義経蝦夷渡り伝説を発信する磁場の一つとして人々を惹き付けていく。このようなプロセスに介入を試みてみたい。

一　義経の三厩出船説の始まり

平泉を逃れたとされる義経が本州（東北）のどこから蝦夷が島へ渡ったのか、物語生成期の文献はほとんど関心を示さない。『残太平記』（南宗庵一龍著、元禄三年〈一六九〇〉序、内閣文庫所蔵本）[2]は、義経が奥州衣川高館の城で自害したというが、死間の謀をもって、義経・弁慶が夷島に渡り、方便を尽くして夷人によって大いに尊ばれ義経大明神と祭られ崇められているると記すものの、逃亡経路には何も触れない。他の文献も似たようなもので、蝦夷へ渡ったという結末だけが重要であったのである。そのなかで、『本朝武家評林』（遠藤元閑著、元禄一三年〈一七〇〇〉、国会図書館所蔵本）は、秀衡が義経に対して自分の死後、鎌倉殿（頼朝）が秀衡の子供を動かして討とうとしたときは、衣川の奥山に入り、そこにある一つの穴に入って七里行けば外の浜に出ることができると教え、義経はその命にしたがい穴をくぐり抜け外の浜に出て、蝦夷が島に渡ったと記している。しかし、まだ外の浜とあるだけで三厩と特定されていない。よく知られているように、外の浜（外が浜）は中世以来日本の東の境界地名であった。

三厩が最初に蝦夷への渡海場として登場するのはおそらく『可足権僧正筆記（可足記）』である。[3]そこにはつぎのように記されていた。九郎判官の身代わりに一家のうち杉目太郎行信がなり、行信の首を鎌倉殿へ見参に入れた。判官は義行と改め、入道（秀衡）の頼みによって、高館の城から五、七人が貌を変えて、秀衡の弟秀栄、代替りして子息秀元が領する津軽の十三へ来た。判官はふたたび高館に帰って義兵を催し、それから海上をめぐって伊豆箱根に至り鎌倉を襲おうとして出陣したが、南部華山（今の気仙）の者のために利を失って、外ケ浜に落ちた。判官の音信をうかがうと、三厩より出船して達火（竜飛）の潮にかかり難船したが、狄ケ島（蝦夷が島）に漂着して再び帰ることはなかった。後に金の国へ渡り、その渡海先をオカムイという。判官の子孫は金国にあって謹衛義澄と名乗っている、というのであった。

　可足という人物は、弘前藩三代藩主津軽信義の子で、四代信政の弟である。『新訂寛政重修諸家譜』十二（続群書類従完成会）には「権僧正　母は某氏。京都の養源院に住職す」とあるのみだが、津軽家の系譜類のなかには、「養源院可足権僧正信州戸陰（隠）別当、後京都大仏住、宝永五年戊子八月朔日御逝去、御法名慈天、始津梁院所化院代（割注、山中院代従是始）」（『系譜」』弘前市立図書館所蔵・津軽家文書）、「京都大仏ニ住居、御能書ニて素白と云」（『御家系』弘前市立図書館所蔵・石見文庫）と記したものがある。津軽家の江戸の菩提寺津梁院の所化院代、信州戸隠の別当を経て京都の養源院の住職となり、能書家としても知られ、宝永五年（一七〇八）に死去したことがわかる。

　『可足記』の成立年代であるが、これを掲載した旧版『青森県史』は、信政代の天和・貞享（一六八一～一六八八）の頃に、津軽家の祖先歴代には明確でない点が少なくないので、可足が求めに応じて答申したものとしている。『可足権僧正筆記之写』（弘前市立図書館・石見文庫）によると、本文の後に「月日」とあって「津軽御家老中」へ宛てたかたちになっており、さらに可足が所持していた「古代系譜」（系図）が付けられている。藩主の意向が働いていようが、家老からの求めによって書かれた家記であったことを示している。

岩崎克己『義経入夷渡満説書誌』が拠った佐藤弥六の『陸奥評林』では延宝年間（一六七三〜一六八一）以後の所記とするが[4]、岩崎は養源院の歴代住職の墓石の一つに、「当院第五世権僧正慈天大和尚位」の墓を発見し、墓銘から「信政舎弟津軽菊千代丸信□」で、「元禄十六年□歳六月十七日、維時三十三歳」に建てられたものであることを読み取っている。したがって『可足記』の成立は元禄年間（一六八八〜一七〇四）に引き下げたほうがよいと指摘している。ただ、元禄一六年（一七〇三）に没したとすれば、右の津軽家文書の『〔系譜〕』とは食い違うことになるが、成立は元禄年間、あるいは宝永五年の没年とすれば宝永に入ってからの可能性もあろう。

さて、『可足記』の義経の蝦夷渡りについてだが、行信身代わり説、金国渡海説など加藤謙斎『鎌倉実記』（享保二年〈一七一七〉、国会図書館所蔵本）との顕著な親近性を示している。『鎌倉実記』には、杉目行信の面が義経に見まがうほど似ていたので身代わりになった、義経は義行（さらには義顕）と名を変え、蝦夷へ逃れ、さらに金国に至ったとあり、加えて「異国ノ書」という「金史別本」なるものが捏造・掲載され、範者国の大将軍源光録義鎮は日東の陸華仙権冠者義行の子であるなどと書かれていた。『可足記』では金国の義行子孫は義澄となっていたが、陸華仙も『可足記』の南部華山に似ている。『可足記』の成立が『鎌倉実記』に先行しているので、『鎌倉実記』は『可足記』の発想を受け継いで物語を展開させたのは疑いないといってよさそうである。可足、謙斎ともに京都に住んでいたから、直接の交際を含め両者をつなぐ何がしかの関係があったかもしれないが、不明である。ただし、『鎌倉実記』では、義経は大門坊法印のいうに従い、磐手《イワテ》坊に退き津軽の立野《タツノ》（たての・たちの）に越したとあるばかりで、三厩から蝦夷が千島に渡ったとは記していない。京都人にとって三厩は馴染み薄く、立野はみちのくの歌枕として知られていたからであろう。一説に立野は津軽の滝野沢の牧、あるいは秋田にあるなどといわれてきた（菅江真澄『委波氏迺夜麼』『津可呂の奥』『恩荷奴金風』）。

ちなみに、義経の蝦夷渡り物語のひとつの到達であった『蝦夷勲功記』（馬場信意、正徳二年〈一七一二〉、宮内庁書陵部所蔵本）は、かねてより設けてあった抜け穴から海浜に出て、蝦夷へ落ちたとし、外が浜という海浜の名も省かれているが、前述の『本朝武家評林』を受けており、また義経・北の方らしき死骸は焼け爛れて誰かわからない状態であったとするのも（行信身代わり説は採らない）、両書は共通している。『鎌倉実記』は『蝦夷勲功記』とは異なった物語を紡ぐために『可足記』を見出したのだといってもよいだろう。

したがって、三厩からの蝦夷渡海は津軽藩主の弟可足によって初めて語られたということとになる。可足は江戸・信州・京都と暮らし、津軽の地をどれだけ原体験として知っていたかは危ういが、藩主家に生を享けた者として、津軽の事情や北方の地理に暗かったとはいえない。三厩がどのような場所なのか、可足の時代には三厩は松前藩主の参勤交代や幕府巡見使の通行などにも利用された津軽と松前を結ぶ幹線ルートの要津であって、近世的感覚ならば三厩が出てくるのは自然である。ただ、義経の時代を含めて中世であるなら十三湊とする地理感覚がふつうであろうか。三厩が発想されるのは、蝦夷渡り物語の中央での展開に促された近世津軽のいわばローカルな関心であった。

　弘前藩主歴代、そして四代信政の事績を讃えようとして編纂された『津軽一統志』（喜多村校尉・相坂則武・伊東祐則編、享保一六年〈一七三一〉）は、この三厩渡海を官撰地誌のなかに取り込んだ。三馬屋は夷《エゾ》（松前）渡海の要津であるとし、ここに義経蝦夷渡り説を紹介している。(5) 文治年中源義経（改義行義顕）は大門坊の勧めで津軽の立野に越え、夷島に逃れ去った。さらに夷島を平定した後、金国に渡った、などと記しているのは、『鎌倉実記』そのままである。立野については、『東鑑』など古録をみてもその場所は詳らかでないとしている。しかし、『鎌倉実記』にはない、新たな三厩の地名譚が付会されている。すなわち義経が夷島に渡るさいに、馬を繋いだところなのでその名があり、馬が三疋立つことができる厩跡の岩窟が残り、今に存しているのだという。ほぼ同時期になった今別本覚寺五世貞伝和尚（享保一六年、四二歳死没）の事績を讃えた『貞伝上人東域念仏利益伝』（元文二年〈一七三七〉）でも、昔判官義経が松前蝦夷に流れたとき馬を留めたところで、今に馬屋の跡がある、とほぼ同様の話を記している。(6) 三厩物語が義経蝦夷渡り説と結びついて、それが弘前藩という権力のお墨付きを得るかたちで、誰の創意であったかは明らかにしえないが、津軽の地において展開しはじめていることを窺うことができる。ただし、『貞伝上人東域念仏利益伝』にしても、義経蝦夷渡りと結びついた観音物語はまだ何も語られていなかった。

二　二つの観世音縁起——「延宝縁起」と「略縁起」

現在三厩には義経寺という今別の本覚寺の末寺である浄土宗の寺院がある。明治元年（一八六八）に寺号を許された。近世には竜馬山観音堂といい、寛文七年（一六六七）に僧円空によって再建されたと伝える。(7) この観音堂について、延宝元年（一六七三）三月（「旹延宝改元癸丑季三月穀旦」）に龍馬山現住沙門如現という人が謹誌したとする、『奥州津軽合浦外浜三厩　竜馬山観世音縁起』（弘前市立図書館所蔵・八木橋文庫、および函館市中央図書館所蔵に拠る）という刷り物が出されている。住僧の如現が古筺に開祖円空の「遺伝」を発見して歓喜したが、紙が古くなり蛃魚（しみ）に半ば喰われ文字が不分明であったので、言い伝えを失うのを憂えて、顚末を解して書いたものという。比較的流布したもののようで、近代以降も『新撰陸奥国誌』(明治九年〈一八七六〉)にその縁起の一部が引用されるなど、(8)三厩の義経伝説の拠り所となった。この縁起には竜馬山を中心とした三厩の全景を描いた寛政一一年三月の「東都藍田珊然図」が付いているので、刷り物自体の刊行は寛政一一年(一七九九)三月もしくはそれ以降であるとみてよいだろう。

延宝元年(一六七三)三月という成立の古さはそのままには信用できない。岩崎克己がすでに指摘していたように、延宝元年と改元されたのは九月二一日のことであり、三月ならばまだ寛文一三年でなければならない。延宝元年としたのは後世の知恵であって、延宝元年より後に書かれたことは明らかである。

仮に「延宝縁起」と呼んでおくが、要所をまとめるとおよそ以下のような内容である。「抑当竜馬山観世音の由来を欽んで稽るに」に始まり、文治の昔、源廷尉義経が鎌倉殿と鬩墻《げきしょう》(牆、兄弟の争い)のことがあり、密かに都を出て奥州探題秀衡に依願し、その後高館を越えてこの浦(三厩)に来た。見れば蝦夷の千島が目前にあり、その島に渡って害を避けようと思った。時に風悪しく、波高くして渡れるような様子ではなかった。廷尉は古き岩の上に端座(正座)して、三日三夜、一心に波濤を渡ることを観世音に祈誓すると、不思議にも満願の暁頃、白髪の老翁が告げていう。汝は至って心に誠を投じて切なるゆえに、岩中にある三疋の竜馬を与えるので、これに乗って渡るべしと言って消えた。廷尉は感涙して、岩頭を下り岩穴に向かうと三つの駿馬が嘶《いなな》いていた。廷尉が常に尊秘する正観世音を岩上に安置し、遂に主従三騎が蝦夷の地へ押して渡ったという。故に霊場を竜馬山と号し、土地を三厩と呼ぶようになったのはそうした因縁からである。その後、はるか星霜を経て、寛永の頃、越前州西川郡符中の産、円空という僧が諸国を遍歴してこの浦に来た。不思議にも岩頭が光を放っていた。円空はこれをあやしみ、斎戒して登れば長一寸の白銀の正観世音が光明赫奕《かくやく》としていた。感仰のあまり、終夜香を焚いて趺坐し少しの間眠ると霊夢を蒙り、来歴を知った。そこで往昔を追懐し、土地安全・衆生利益のためとして、新たに大士の木像を刻し、尊像を中に納めた。土人（土地の人）が五人、三人と力を合わせ、草庵を結んだ。堂の艮（丑寅）に一本の古松があり、この枝に竜燈の現われることがしばしばあり、竜燈松と名づけられた。こうして霊場となり、火風水の災難や、往船来船の風波の難を逃れさせてきた。済度利生の量りがたい観世音を恭敬しなくてはならない。

ここには前述の『津軽一統志』に片鱗を見せていた、三厩の地名の由来になったという義経の三疋の竜馬の物語が語られている。藍田珊然図には竜馬山の下方の波打際に「ミマヤ石」とあり、三つの穴が海側に開いている大きな岩が描かれている。なお、渋江長伯『東遊奇勝』には「小舟に乗し三厩石・甲石を見廻り」とあり、海側から穴を見ている（図も岩は海の中にあるように描く)[9]。現在は右の穴が崩落し、岩全体が完全に陸地化している。しかし、縁起は義経伝説のみを語っていたのではない。主眼は観音信仰によって義経が竜馬を与えられ、無事に蝦夷へ渡ることができたという観音霊験譚である。観音信仰をひろめようとする宗教者の側が、義経蝦夷渡り説を有用だとして取り込み、物語を作ったと理解すべきであろう。ただ義経の観音信仰だけで完結するのでは説得力が弱く、実際に存在する円空仏とつなげることで相乗効果を発揮させようとの企図であったことが推察される。

円空は『弘前藩庁日記(国日記)』寛文六年(一六六六)一月二九日条(弘前市立図書館所蔵写真複製本)に、円空という旅僧が長町(弘前城下)にいたが、御国に滞在させてはならないとの仰せによって、この二六日に出て青森に向かい、松前に参るとのことといった記事があり、寛文六年に津軽にいたことは確実である。円空仏は津軽半島には竜馬山(現義経寺)を始めとして、油川の浄満寺、蓬田の正法院、平舘の福昌寺に残され、義経寺観音堂に安置される非公開の円空仏の背面には寛文七年仲夏中旬の日付のある墨書がみられる[10]。墨書が後で書かれたという疑問説などがあるが、信用できるものとすれば、北海道にある円空仏の記年銘はいずれも寛文六年であるので、円空は松前からの帰途、三厩から青森へと外が浜沿いを歩いたことになろうか。縁起にいう円空仏の中の義経の正観音像は確認されていない。

この「延宝縁起」は円空が三厩に来たのを寛文ではなく寛永としている。単なる誤記かも知れないが、発見した円空の「遺伝」が古びて虫食いにあっていたとすると、寛文ではあまりに近すぎ寛永に改竄した可能性があろう。『新編陸奥国誌』などの、円空寛永建立説の根拠となってしまった。縁起が延宝の成立ならば、円空の記憶が遠くない前年号の寛文を間違うはずがない。ここにも「延宝」年号のでたらめさが露顕している。

ところで、「延宝縁起」と内容が類似した「外か浜三馬屋浦竜馬山観世音菩薩略縁起」というのが『松前行程記』（内閣文庫所蔵本）に掲載されている。便宜上「略縁起」と略記しよう。著者、成立年とも明示されていないが、午年の旅であることを手掛かりに、岩崎克己は仙台藩坂本村の節婦塚についての記事から元文三年（一七三八）と推定した。[11] しかし、これは誤っている。文中に「午六月廿三日出発七月廿八日帰着、江戸出立四月十五日」とあり、午年であることが知られるが、休泊の宿駅の行程では五月一〇日に三厩へ至り、ここで風待ちをして一六日松前に渡っている。松前旅館の割り振り名簿には御目付渡辺久蔵、御使番大河内善兵衛以下の名前が記され、支配勘定近藤重蔵、御普請役最上徳内の名前もみえる。午年とはしたがって、寛政一〇年（一七九八）の幕府役人による東西蝦夷地巡見の一行であることは明らかで、記事の内容から松前東西在方を巡見（出発・帰着の月日はそれをさすか）した渡辺久蔵らの一行に加わった者の筆記であろう。書きとめた経緯は記さないが、観音堂に詣でたさいに寺僧が閲覧に供したのであろう。

『松前行程記』の成立年代はかなり下ることになるが、「略縁起」は寛政一〇年には存在していたことは明らかである。どこまで遡るのか吟味が必要だが、「延宝縁起」より先行する縁起で、「延宝縁起」が基にした縁起であったといってよいかもしれない。書き出しは「抑当山観世音菩薩の由来を尋ぬるに、人皇五十五代清和天皇の後胤源九郎判官義経君、御兄頼朝公と御中不和に成らせ玉ひて……」とあり、難しい漢語を使ってぎこちない文体の「延宝縁起」と比較すると、はるかに縁起体の文章として読みやすい印象を受ける。竜馬の話は大要同じであるが、細かいところでは違っている。廷尉をすべて義経と記しているのを始めとして、義経が観世音に祈誓すると、観世音が白髪の老翁に変化して義経君に告げた、与えられた三疋の馬が浦風に嘶いて来たので、これを捕えて岩窟の中に繋いだ、義経が自らの太刀の目貫の金を用いて正観世音を刻み伽藍に安置した、乗船して数百騎の軍勢を引率して蝦夷地に渡った、さらに夷人を切り靡き、韃靼に攻め入って切り取り、子孫がいる、と述べている。円空仏の話はほとんど同じであるが、越前国府の産の円空が来たのは寛文年中(一六六一〜一六七三年)として正確に記し、文末に三十三所の十九番札所としての御詠歌を載せている。「延宝縁起」はとくに義経譚のところに手を入れて、竜馬なのに乗船したといったような不自然さをなくし、簡潔にしようとしたのだと思われるが、結果的には寛永の円空建立説など新たな作為を含む、歯切れの悪い文体になってしまった。

「略縁起」では、大明国に攻め入って国主を退け、南京に都し、唐の国号を清国と改めたのは義公の末葉清和源氏だからであり、近年、日本から系図のことを尋ねたら天照大神の御末清和天皇の後胤だとの返翰が唐土よりあったとも記している。『鎌倉実記』は金国までは語ったが、そこまでは展開していない。この説の典拠は不明であるが、岩崎『義経入夷渡満説書誌』によると、文献的には、清帝の祖は源義経であるとの説は戸部良煕（愿山）『韓川筆話』（明和六年〈一七六九〉）、清国の国号は清和源氏の清から取ったものとの説は谷川士清『倭訓栞』（安永六年〈一七七七〉）、蓑笠庵梨一『奥細道菅菰抄』（安永七年）にみえ、その頃から話題にのぼったとすると、「略縁起」がまとめられたのは早くても明和・安永以降ということになろうか。

この「略縁起」のことは、『松前行程記』の著者と同じく幕府巡見隊に加わった喜助という人が話した『蝦夷物語』（内閣文庫所蔵本）にも出てくる。喜助は小人目付田草川伝次郎が召連れた小者で、寛政一〇年（一七九八）一二月二日の夜話問答とあり、まとめたのは別人である。三厩には観音堂という名高い所がある。九郎義経は蝦夷地へ渡海しようとして順風を祈り、観音に誓いをかけると夢中の告によって三つの馬を得た。白の馬に義経が乗り、赤と黒の馬には従者を乗せて渡った。浜辺に大岩があって三つの岩穴があり、そこは三馬を繋いだところである。およそそのようなことが語られている。詳しくは観音堂の縁起にあるといい、御用の役人殿は皆承知していることだが、喜助は耳に入ったところばかりを話したとしている。役人承知とは縁起を実際に見せられて読み、それを『松前行程記』の著者のように書き写す者もいたことになる。幕府役人の間で大いに関心を呼んだのは間違いない。ただ、白・赤・黒の三馬のことは「略縁起」に書かれていないのはなぜなのか、疑問も残る。

三　菅江真澄の足羽観音物語

菅江真澄は天明八年(一七八八)七月一一日、松前に渡ろうとして三厩の浦に着いた。幕府巡見使の松前渡海の準備のため休む所もなかったので宇鉄に向かうことになるが、三厩では観世音の物語を聞き逃していない。

御厩石(三厩石)のほど近くを登っていくと観世音の堂がある。昔、越前の国足羽《あすわ》某という人の夢にお告げがあった。我(観音)は年久しくここ(越前)にあるが、願わくばみちのくの三馬屋に至り、島渡りの舟を守って、浦の守りになりたいと。急いで三厩浦に観音を送ろうと思ったが寄る辺がなかった。月日を経て、越前の国人の久末某が津軽に行き、桧原(地名か、不詳)の杣に宮木を伐らせて大船に積んでくるといって船出するのを聞き、久末に頼んで持たせた。久末は年来宿としている問丸の伊藤五郎兵衛のもとに至り、しかじかのことを話した。伊藤は東本願寺の流れを汲んでいたので、異なる教法には傾かず、折もあろうと櫃のなかにしまっておいた。年経て、足羽のもとより円空という出家が島渡りしようと来て、夢をしるべに三厩の港に着き、その観音があることも知らないで伊藤のもとに泊まった。円空は観音のことを聞くと、わが家にあると知らされる。こうして円空は三厩石の上の磯山を開いて御堂を建てることにした。この観世音は源九郎義経が兜に納めて戦勝を祈願した一寸二分の白銀の仏像で、足羽へ宛てた花押のある文章が添えられていた。円空みずから木製の観音像を斧で作り、その胸に義経の観音像を込めた。義経の文章は円空が経緯を書き添えて伊藤のもとに今もあるが、秘めて誰にもみせない。ある法師が親しくなって伊藤家のあるじに見せてもらったことがあり、その法師が人に語るに、古そうな厚ぼったい紙には義経とあり、また円空が書き添えた紙は新しかったが紙魚に食べられ文字の定かでないところもあったという。円空が作った観世音をある年開帳して人に見せたことがあったが、雨風で海が荒れ落雷したので、祟りかと恐れてすぐさま閉ざした。以来、住僧のほか拝む人もいない（『率土か浜つたひ』[12]）。

およそ、以上のように浦人が真澄に話してくれた。「延宝縁起」や「略縁起」とは異なる観音物語となっている。「足羽物語」と称しておこう。三厩の観世音は義経が蝦夷渡りのさいに安置していったのではなく、義経から越前の足羽某の手に渡り、そこから三厩の伊藤のもとに移されたということになり、義経の蝦夷渡り伝説が関与しなくても成り立つ物語である。真澄は聞かなかったのか、義経にまつわる三厩の地名譚を何も記していない。二つの縁起が円空について越前州西川郡符中の産（「延宝縁起」）、越前国府の産（「略縁起」）といずれもしているのは、真澄の「足羽物語」と共通している。円空は美濃出身で、越前には円空仏は確認されておらず足跡も知られていないから、[13]越前の「足羽伝説」に円空を都合よく合わせるためにこじつけたのがおそらく始まりで、それを両縁起も受け継いでいるのであろう。

足羽の観音を三厩に運んだ久末は、真澄の文にも桧を伐り出し運ぶ木材商人のように書かれている。越前新保の久末氏（久五郎）は元和初年（一六一五ころ）盛岡藩より舟役免除の特権を得て、孫長右衛門代から田名部へ材木船を下していたことが分かっているが、[14]桧（アスナロ、ヒバ）を求めて、下北のみならず津軽にも当然進出していたことが推測される。日本海流通の展開のなかで、松前進出を図る越前商人にとって三厩は航海安全を図る要所であったから、島渡りの守護神として、夢に三厩が告げられるのは自然なことである。なお、越前と義経の関わりは、義経北国落ちで京都・畿内から平泉に逃れる途中に越前を通過したが、『義経記』は足羽について何も記しておらず、手掛かりは得られない。真澄の「足羽伝説」の存在はまだ一本になりきらない三厩の義経物語であったことを示している。

『津軽一統志』で三厩の地名に付会された義経蝦夷渡りが語られてから、観世音縁起がはっきりと姿を現す寛政一〇年（一七九八）に至るまでの間の、真澄以外の文献事例も紹介しておこう。まず、宝暦八年（一七五八）になった『津軽見聞記』がある。[15] 著者名は知られないが、津軽鰺ケ沢の旅宿で記すとあり、比べて上方には珍しい、大坂とは格別の寒さ、などと記しているから、上方方面からの旅人であろう。浜辺にある一つの大岩に三所の洞穴があり、それはさながら馬屋が三つ並んでいるようであり、昔、義経がこの所を馬屋に用いた跡で、ここから蝦夷に渡ったとの言い伝えがあるという。円空も観音も出て来ず、『津軽一統志』とそれほど違わない。宝暦一一年の巡見使一行に加わった宮川直之『奥羽并松前日記』（内閣文庫所蔵本）は三馬屋岩について義経が乗馬三疋を岩の洞空（穴）へ「建て置いた」のでその所の名があるとする。

天明三年（一七八三）、三厩に大岩を見に行った平秩東作は、むかし判官が蝦夷へ渡るとき厩にし、高さ三丈で穴が三つ四つあったが、地震で欠け損じたなどと書いている（『歌戯帳』[16]）。天明六年に津軽を歩いた橘南谿は「三馬屋」の項で、義経が蝦夷に渡ろうとするに順風がなく、数日逗留するにたえかねて、所持の観音像を海底の岩の上に置いて順風を祈ると、風がたちまち変わり松前に渡ることができたと、観音譚を紹介している。その像が今もこの所の寺にあって、義経の風祈りの観音と呼ばれているという。波打ち際には大岩があり、穴三つが並び、これは義経の馬を立てたところと地名の由来もまた記している（『東遊記[17]』）。

真澄と同年、三厩から松前に渡った古川古松軒によれば、言い伝えとして、義経が蝦夷渡海のさい、従者三〇余人、馬三疋を具してこの浦へ来たが、馬を入れる所がなく、幸いに岩穴があったので三疋の馬を入れ風待したという、土人物語があった（『東遊雑記[18]』）。高山彦九郎は寛政二年（一七九〇）、松前に渡ろうとして果たせなかったが、三厩で左に観音堂、右に五、六丈ばかりの高さの岩が海に臨んであり、これは義経渡海のとき馬を繋いだところと伝えると記す（『北行日記[19]』）。寛政五年、松前に渡った木村謙次は義経の馬を繋いだという岩窟を見、また三厩観音で「日和モラヒ」の祈禱があり、この観音は義経公の守本尊であると書きとめている（『北行日録[20]』）。

これらは三馬屋の地名由来を土地の人に聞いているが、やや異質な真澄の物語を別にすれば、観音譚が語られ出しているものの、『津軽一統志』の内容をあまり超えるものではない。円空との付会は真澄が聞いただけであるが、その観音物語は三厩石については何も語ってはいない。南谿の観音譚は義経が持っていた観音という点では「延宝縁起」に近いが、竜馬を観音の化身である白髪の老翁から与えられたなどとは何も記さない。謙次も観音は義経の守本尊と記すのみで、由縁は不明である。縁起の存在については、真澄を含めて誰一人見聞に及んでいない。これらのことは何を示しているか。天明期（一七八一〜一七八九）には真澄・南谿の見聞のように『津軽一統志』を超える語りが観音信仰と結びついて成長しはじめていることは明らかだが、まだ「延宝縁起」「略縁起」のような、まとまった物語には至っていないといえる。「略縁起」のほうが「延宝縁起」に先行するものだとしても寛政期（一七八九〜一八〇二）に作られたとみるのが妥当ではないだろうか。

三厩石にとどまらず、その周辺に義経伝説を語る遺跡が生まれている。彦九郎は釜の沢の人家を過ぎていくと、義経の釜といって、差し渡し五尺斗の丸く形のよい水の溜まった岩があると記している（『北行日記』、他に義経の冑《カブト》島をあげる）。謙次はそれを義経が馬飼料に用いた釜と聞いているし、後述の遠山景晋は義経が護摩を焚いたところと教えられたようで、例の土人の説だと受け止めている（『未曾有後記』文化二年〈一八〇五〉[21]）。なお、真澄は田村将軍がゑみしを討ったところに据えた釜の跡だと記している（『率土か浜つたひ』）。義経伝説が周辺に広まりつつある一例であるが、まちまちに定まりなく語られているのが特徴であり、三厩石も当初はそのような程度のものにすぎなかったであろう。筋道のある物語として完成するためには、宗教者や知識ある者による文字化の作業、たとえば縁起の作成という述作行為が必須である。真澄が聞いた「足羽物語」もまた真澄によってひとつの物語に紡がれたのである。そして一度記述されると、それが既定化・権威化し、土地の人の語りもその制御を受けていくことは容易に察せられる。

四　秦檍丸の改作縁起

前述のように「略縁起」が見出され記録されたのは寛政一〇年（一七九八）の幕府役人の蝦夷地巡見隊であった。翌年一月、幕府は東蝦夷地を当分の間上知にするという通達を松前藩に出し、幕府の蝦夷地直轄支配が始まる。このため幕府役人が次々箱館や蝦夷地に派遣されるが、蝦夷地御用掛松平信濃守忠明の差し添えを命じられた遠山金四郎景晋もまた、寛政一一年四月、三厩から箱館に渡海する風待中観音へ詣でており、「竜馬山観音菩薩略縁起」を寺僧に見せられたのであろう、それを全文『未曾有記』に書き載せている。(22)『松前行程記』と比べると、細かい表現の違いがあるが、御詠歌が省かれているのを除けば同内容といってよい。ただ、景晋の記述で見逃しえないのは、檍丸（秦檍丸）が「此縁起に伝説の脱せる多く、文も拙く梓行もなければ、改作りて木に上せばやと思ふ」といって、景晋にその草稿を見せてくれたと書いていることである。その後は事多忙で捨ててしまったというのであるが。

さて梓行といえば、最初に検討した「延宝縁起」がある。誰がどこで発行したのか明らかにしえないが、観音堂の寺僧が所持していた「略縁起」（作成者不詳）が基になっているだろうことはすでに述べた。とすると、この「延宝縁起」があるいは檍丸の草稿による梓行ということになるだろうか。文体のぎこちなさを印象として述べたが、間違った判断であったのであろうか。

　板行された縁起には、「延宝縁起」の他に、もうひとつ異文の『陸奥国津軽郡合浦　三厩泊竜馬山観世音縁起』（弘前市立図書館所蔵、一般郷土資料）というのがある。同じく「東都藍田珊然図」が付いているが、ただし寛政一一年三月の日付が欠けている。冒頭は「文治四年四月廿九日高館の城陥り源廷尉ハ舎屋に火をかけ、若君北の方家臣のめん〳〵打死にし給ひ……」と始まり、文末は「……大慈大悲の御誓ひあまねく国土にみち〳〵ぬ」で終わり、最後に寛政十一己未春正月の日付を記している。

　景晋などが見た「略縁起」と比べると、そこにはほとんど記されていなかった、高館を落ちてから津軽三厩に至る経緯を、うとうの社での願、褻槻（褻月）・鬼泊り・今淵（今別）の地名由来などを巧みに交えて、詳しく述べているのが大きな違いである。そのなかで、たとえば、「幽窟に鬼の住ると海人のかたるを聞給ひて従者をつかはしてうち給へり、実は夷の酋長《をとな》に有りける、夫より其所を鬼泊《おにとまり》とそ名付ける」とか、「岸のほとりに鞭を建八幡大神にちかひたまハく我渡島の蝦夷をしたかへんものならハ此柳の鞭一夜に枝葉を生して栄えしめ給へと……」などと、鬼・蝦夷を切り従える文脈で、物語を展開させているのが特徴であった。三厩に関しては、巌の上に一七日《いちしちにち》座して渡海を祈っていると、満つる夜に老翁が浮き出て竜馬三疋を与えられたこと、判官が自らの太刀の目貫を以て正観音を彫刻し、霊松のかたわらに草堂を建てて安置したこと、寛文の頃円空が御堂を再興し、新たに菩薩の像を刻み白銀の尊体をその中に込めたことなど、文飾は別にしておおよそ同じ内容である。

ただ、「略縁起」では円空にかなり比重が置かれているのに対して、その部分が簡略になっており、義経の蝦夷渡りを前面に出した縁起になっている。三厩石の説明でも、「霊巌を三所穿ち、かりに厩をしつらひて神馬に藻をそ飼ハれたる、此藻ハ往昔神功皇后三韓を討給ふ時、御馬に飼せ給へる例を思ひ給へるなり、此馬にのりて蝦夷国靺鞨の界に分入り、又満州の夷を討ん事を思ひはかり給ふ」と、神功皇后の三韓征伐を持ち出し、また、判官が蝦夷国の渚に着くと、「蝦夷の酋長群り集り判官の威光を仰きおかミをなしふるひわななきて従ひ奉れり」と、「略縁起」にはない脚色がつけられている。まちまちの地名解が語られていた釜の沢については塩を焼いたところとし、創作かは知らないが別な説を唱えている。

この板本には檍丸の名前はないが、弘前市立図書館八木橋文庫のなかに用字の違いは別にして同文の写本「陸奥国津軽郡合浦外ケ浜　三厩泊竜馬山観世音縁起」が蔵されており、それには「寛政十一己未年春正月」の下に「秦檍丸誌」と記されている。その後に「于明治三十六年七月朔日　藤原憲隆　草稿」とあり、藤原氏が書写したものであることがわかるが、その原本（写本）には檍丸の名があったのであろう。義経蝦夷渡りを中心にして観音縁起をまとめなおし、蝦夷の人々の服従や三韓征伐の故事を持ち出すなど、伊勢の神官の出であった檍丸の述作であるとみなしてよいだろう。「秦縁起」と呼ぼう。

ここで改めて「延宝縁起」の成立について再考してみよう。三厩観音堂には寛政一〇年から翌年にかけて遠山景晋など幕府役人が見た「略縁起」があった。それを基に大幅に改作した秦檍丸の「秦縁起」が作られた。「延宝縁起」は「略縁起」をおおむね踏襲していることは内容的に明らかだが、「秦縁起」もまた参照していたかに窺われるふしがある。たとえば、円空の出身地であるが、「略縁起」は越前の産とするだけであるが、「秦縁起」と同じく「越前国西川郡府中の沙門」としていることである。他にも義経の呼び方であるが、「略縁起」は「義経公」「義経君」としているのに対して、「秦縁起」は「源廷尉」「判官」、「延宝縁起」は「源廷尉義経公」「廷尉」とし、「秦縁起」が廷尉の呼称を持ち込んだように思われる。ただ、「延宝縁起」は「秦縁起」の国家主義的イデオロギーまでは受け継がなかった。蝦夷地に国益の執念を燃やす幕府関係者と地元民とのギャップといってもよい。「延宝縁起」は「略縁起」をもとに、「秦縁起」の影響を受けて、三厩観音堂の関係者によって作り改められた縁起であろうというのが本稿の推論である。延宝という古さを語りながら、最も新しい縁起という次第である。そうであるがゆえ、地域にその後影響力をもった縁起でもあったのである。

おわりに

三厩の義経蝦夷渡りの物語が大きな飛躍を遂げ、縁起化が図られたのはおそらくは寛政期のことであった。その背景に対ロシアの危機意識のなかで緊要な政治課題となった蝦夷地情勢があったのは間違いあるまい。蝦夷地への役目を帯びた幕府役人らが松前に渡る場所であったのが三厩であった。彼等によって縁起が見出され、それが知己に語られ記録にとどめられ、勇躍する国家意識のもとに掬いあげられた。義経の蝦夷渡り、蝦夷の服従が自身の蝦夷地での公務の成就に重ね合わされて受け止められたといってよい。松浦武四郎は津軽・南部地方を歩いたときの『東奥沿海日誌』（嘉永三年〈一八五〇〉）に、蝦夷地幕領化当初、蝦夷地御用掛の一人であった石川左近将監（忠房、勘定奉行）が観音堂（武四郎は竜馬山観音寺とする）に奉納した和歌十首を記しているが、その「寄国祝」という歌は、「治れる此日の本の光とや　よその国までさぞあふぐらん」「道の奥の末がすへまで治れる　君が恵を仰がざらめや」というものであった。(23)道の奥の最北端で、蝦夷島を望んでの日本国意識が詠まれている。君は将軍をさしていようが、源家としてつながる義経の蝦夷渡りがその意識に重ねられているのに相違あるまい。

ただ、そうした幕府役人や知識人の意識がどれだけ地元の人々の意識と共有しうるものだったかは慎重な判断が必要である。地元の人々と漠然と言ってはならず、観世音の利益を説く観音堂の寺僧らによって掌握されているレベルを中間項におかなくてはならないが、同じ義経蝦夷渡りを語っても、円空の扱いをみればわかるように、秦檍丸と「略縁起」「延宝縁起」との間には大きな距離感があった。

武四郎の『東奥沿海日誌』は、三厩近辺の義経蝦夷渡りの旧跡を書きとめている。三馬屋岩について、元来三つの穴があったが、今は寄る波に打ち砕けて二つになっており、ここに源廷尉が馬を繋いで蝦夷が島に渡ったとの「俗説」があると述べ、その他にも、義経が帯びを解いて松前に越えたという帯解島、源廷尉の鎧が岩に化したヨロイシマ、同様に源廷尉の兜が岩になった兜岩、そしてまちまちに語られていた釜の沢の竈石は義経がここで馬の豆を炊いたところであるとの、言い伝えを記す。こうした旧跡が周辺に作られていくのは地元の物好きな人々の作為であっただろう。武四郎はさらに義経の守本尊を安置し、石に繋いだ馬が竜馬と化したという、竜馬山観音寺の山号の由来となる「土人」の言い伝えを記すとともに、この寺に「義経蝦夷渡海の図」と記す一幅の掛絵があり、これを一〇〇文取って開扉し見せていたことを、浮屠氏(僧のこと)の忘説(妄説)ながら甚だしいことと評していた。[24] 武四郎のような天下国家意識からすれば、共有しうる感覚ではなかったのである。

注

(1)拙稿「義経蝦夷渡り(北行)伝説の生成をめぐって——民衆・地方が作り出したのか——」『研究年報』三九、宮城学院女子大学キリスト教文化研究所、二〇〇六年〈本書第一章〉、など。
(2)本稿で利用した蝦夷渡り伝説の書目の多くは、岩崎克己『義経入夷渡満説書誌』(岩崎編輯兼発行、一九四三年)に関連箇所が抜粋されており、それを便宜として利用したが、筆者が確認した写本・版本については所蔵先を本文中に括弧書した。
(3)『青森県史』一(歴史図書社、一九七一年復刻、原本一九二六年発行)一二八〜一三三頁。
(4)前掲『義経入夷渡満説書誌』二八〜二九頁。
(5)『新編青森県叢書』一(歴史図書社、一九七四年)一三頁。
(6)『近世往生伝集成』三(山川出版社、一九八〇年)二九頁。
(7)『東津軽郡誌』(東津軽郡町村長会・東津軽郡教育会、一九二九年)二三四〜二三五頁。
(8)『新撰陸奥国誌』一(みちのく双書一五、青森県文化財保護協会、一九六四年)二四〇〜二四七頁。
(9)『東遊奇勝——日光・奥州街道編——』(山崎栄作編集発行・二〇〇三年)五〇二〜五〇九頁。

(10)笠原幸雄「東北の円空仏」(『円空研究』二、人間の科学新社、二〇〇四年新装普及版)八四〜八五頁。
(11)前掲『義経入夷渡満説書誌』八一〜八四頁。
(12)『菅江真澄全集』一(未來社、一九七一年)四六七〜四六八頁。
(13)『円空さん』(名古屋市博物館・仙台市博物館・北海道立近代美術館企画編集図録、中日新聞社、二〇〇五年)。
(14)渡辺信夫『幕藩制確立期の商品流通』(柏書房、一九六六年)三九九頁。
(15)『新編青森県叢書』三、四六四頁。
(16)『随筆百花苑』一四(中央公論社、一九八一年)二七三〜二七四頁。
(17)『東西遊記』一(平凡社東洋文庫、一九七四年)一二九〜一三一頁。
(18)『東遊雑記』(平凡社東洋文庫、一九六四年)一〇八頁。
(19)『日本庶民生活史料集成』三(三一書房、一九六九年)一七〇頁。
(20)『北行日録』(山崎栄作編集・発行、一九八三年)六三〜六五頁。
(21)『近世紀行文集成』一(葦書房、二〇〇二年)三一九頁。
(22)『近世紀行集成』(叢書江戸文庫一七、国書刊行会、一九九一年)一一八〜一二〇頁。
(23)『松浦武四郎紀行集』上(冨山房、一九七五年)二四一〜二四三頁。
(24)同前二三六〜二四一頁。

補論2　義経の「栗の借用証文」

北日本の義経蝦夷渡り伝説や田村麻呂征夷伝説について、近世史の立場から批判的考察を加えてきた（『北日本地域における田村麻呂・義経伝説の近世的展開』科研報告書、二〇一一年、など）。東日本大震災後はそれどころではなくなっていたが、二〇一三年夏、津波被災地である岩手県の三陸沿岸を車で南下したさい、たまたま立ち寄った土産物店で『義経は北へ　義経伝説ドライブガイド』（岩手県県北広域振興局・岩手県沿岸広域振興局制作）という、大震災後新たに作成されたパンフレットを手にした（現在インターネットでも公開されている）。

そこには「北へ向かう義経の思いは海を渡り遠い大陸につながる」「北への道しるべには、夢とロマンが満ち満ちている」などと、いつもながらの気を引こうとする文言が連ねられていた。二〇一三年五月、政府は復興事業の一環として三陸復興国立公園を創設した。自然環境や復興に関したエコツーリズムの推進を謳うが、そうした観光事業と結びついてまたもや「義経北行伝説」が集客要素としていち早く着目されたことになる。ドライブガイドに従って来訪者が「北行伝説」の「史跡」巡りに付き合わされることを思うと、伝えるべき地域の文化・歴史遺産は他にたくさんあるだろうと、もどかしい気持ちになった。

さて、八戸市は「義経北行伝説」の主要な語りの地とされ、このパンフレットにも小田《こだ》八幡宮やおがみ神社などが紹介されている。八戸藩士の接待治卿が文久元年（一八六一）に編んだ『八戸祠佐賀志《ほこらさがし》』のなかに、小田毘沙門堂（現、小田八幡宮）の由来を述べた箇所がある（八戸市立図書館市史編纂室編『八戸の神社寺院由来集』、八戸市、二〇〇二年）。その伝によれば、往古、源ノ九郎義経が東奥より蝦夷に渡ろうとしたさい、武蔵坊弁慶ら数十人がこの毘沙門堂に留まり自筆の大般若心経を書写して納め、それは今にあり、また義経が持っていた本尊はこの毘沙門の腹籠に安置されたという。義経の蝦夷渡りと結びついた伝承が語られる。その蝦夷渡りの真偽については、ある人がいうに、近代、唐から「金吏」なる書物（「金史別本」のことか）が伝わり、そのなかに「源元義光行録太夫」とあるので、紛れもないことであろうとしている。「金史別本」は加藤謙斎『鎌倉実記』が捏造した書物であるが、それが暴かれてからも影響が少なくなかった。

蝦夷渡海の証拠としてもうひとつ、義経らが蝦夷に渡るさいに粮米として粟を借用したとする次のような証文をあげている。

一　今度狄へ渡候為粮米粟七斗致借用者也、若帰参於無之は時之将軍へ可預さんさん者也。

文治五年四月十八日　　　筆者　亀井六郎重清

弁慶　承之

伊予守源義経判
会津湯田村　惣平との

これは、「近代」になって、会津領湯田村の百姓惣平が江戸で子細あって国主から咎めを受け、家宅が闕所となり吟味されたさいに見つかったもので、義経が弁慶に命じて書かせた数十代相伝の証文なのだという。これによって惣平は江戸へ召されて登り、本地四五〇石を下されたとしている。寛保二年（一七四二）に至るまで五七三年になると書いているので、その年に発見されたというのであろう。ただし情報源については何も記していない。郷土史家の小井川潤次郎が湊村（白銀）の某家に「弁慶の粟借り証文」があると述べているが（『伝説雑纂』著作集第一一巻、木村書店、一九九八年）、同じ内容のものかはわからない。

「粟の借用証文」とでも称すべきこの種の偽文書について、すでに白井哲也氏が「義経渡海説を語らせたのは誰か——近世武蔵国の事例から」（北海道・東北史研究会編『北海道・東北史研究』第二号、サッポロ堂書店、二〇〇五年）でいくつかの事例を紹介し考察している。まず『寛延雑秘録』（『未刊随筆百種』第五巻、中央公論社、一九七七年）に「奥州会津義経御判物の事」という記事があり、寛保二年四月暮に「会津沖田村惣平」の家から発見されたという、その先祖「惣平」宛の義経借用証文なるものが文献上最も古いもののようである。惣平が年貢を納められず闕所となったさい、家の棟木に結び付けてあった箱を切り落として中を開けてみたところこの書付が出現し、これが公儀へ達せられ吟味の上知行三〇〇石が与えられることになったとの顚末が記されている。

さらに白井氏は、この書付の年号、村名を寛政八年（一七九六）八月、池田村と書き改めただけの同内容の証文三点を埼玉県立文書館収蔵文書から探し出し、寛政期の蝦夷地情勢を背景に、武蔵国を中心としてある程度話題になり広まったことを明らかにしたのであった。『八戸祠佐賀志』掲載の証文には寛保二年とあるので、『寛延雑秘録』のものと同系統ということになるが、両者を比較すると、字数が少ないにもかかわらず、湯田村と沖田村、狄と北狄、「さんさん」と裁断、四五〇石と三〇〇石と、伝写の過程で生じたであろう文言や文章の揺れがかなりみられる。これも偽文書たるゆえんなのだろう。

この種の関東や宮城県の「粟の借用証文」は佐々木勝三『義経北行の記録』（あづま書房、一九八五年）などでも紹介されてきたが、八戸の右の事例は北東北にも広まっていたことを示すものである。こうして探していくと、他にも北東北から見出すことができる。

たとえば水戸藩の「草医」木村謙次が寛政五年（一七九三）春、師立原翠軒の命によってロシア人やアイヌの動静・虚実を探るため松前へ渡ったときの『北行日録』二月一〇日条に書き写したものがある。盛岡藩花巻の鈴木屋藤左衛門の家に宿泊したさいに見せられたもので、「今度狄江渡海為粮米粟七升致借用者也、若於帰山無之時之将軍江是を以出《(カ)》可預さつたん者也」と、だいぶ本文が崩れているが、『八戸祠佐賀志』と同じく湯田村惣平宛の証文であった（国立公文書館内閣文庫所蔵本に拠る。ただし、山崎栄作編集・発行『北行日録』一九八三年、および山下恒夫編纂『大黒屋光太夫史料集』第三巻、日本評論社、二〇〇三年を参照）。また、菅江真澄の日記『恩荷奴金風』文化元年（一八〇四）九月一〇日条に、男鹿の芦崎の門間荘兵衛という者の宿に上祖からある、「九郎判官義経の蝦夷の嶋渡りし給ふに、みちのかてとぼしうに借りおはしましし、粟の券てふものをもたりしといふ」と書き記している（『菅江真澄全集』第四巻、未來社、一九七三年）。それ以上のことは何も紹介していないので、寛保二年のものなどとの関連は分からないが、同種の発想の証文であるのは明らかである。

八戸の義経蝦夷渡り伝説に戻ると、享保一七年（一七三二）五月三日の日付をもつ「類家稲荷大明神縁起」が地元における義経ものの最も古い文献である。八戸藩の医者関諄甫が「所々より問尋て」書いたもので、「榊氏の老翁」（法名浄円）の物語を中心に、三戸の松尾氏某が語ってくれたある書の記述、天聖寺隠居即誉の咄などからなっている。ここでは詳しく触れられないが、浄円の物語では、平泉から逃れてきた義経がこの高館の地に御所を構え、八戸の町や周辺の村をつくって神仏を勧請したといい、小田には毘沙門が祀られた。地名に付会した地域一帯の壮大な開発物語のようなものになっている。即誉の咄では、義経は家人四、五人を連れて御所を立ち退いたあと、松前へ越して「ゑぞ」を従え、しばらく逗留して死去したとか、あるいはさらに高麗へ渡ったとか語られているのだという。享保期は中央において義経の蝦夷渡りの物語発展期にあたっており、それが八戸でも地域の知識層に歓迎・受容され、「類家稲荷大明神縁起」のような言説が創作されたのだといえよう。そこに何らかの中世的な痕跡を読み取るのは難しい。浄円老翁の祖父が語った先祖よりの申し伝えだと古さが強調されるのは、伝説と称するものの特性である。

ちなみに、則誉や、関諄甫の子である立竹は、延享元年(一七四四)八戸城下に姿を現した安藤昌益と交際があった。義経蝦夷渡りに傾倒した八戸の知識人たちとは異なって、昌益は「日本ノ義経・正成ガ如キ、皆悉ク乱世ヲ招キ亡命……、安正・全身ノ正事ニ非ズ」と、素っ気なかった(『統道真伝』、『安藤昌益全集』第八巻、農山漁村文化協会、一九八四年)。

先の『八戸祠佐賀志』の小田毘沙門堂の続きであるが、義経は松前渡海のさいに、七戸と野辺地の間にある「ツホノフミ石」(坪の石文)という名所に立ち寄り、そこで「ミクマ野々ツヽク小山ノフミ石ヲミルニツケテモ都コイシヤ」と詠んだという。地元の村老が話すには「地引ノ石」(千引の石)と申し伝えているものであった。坪の石文(壺の碑)は仙台領の多賀城碑のことといわれ、それと対抗的に盛岡藩では北郡七戸所在を主張し、中央の知識人を惑わしたが（拙稿「競い合う歌枕〈名所〉」『〈江戸〉の人と身分』5、吉川弘文館、二〇一〇年）、義経伝説の展開はそうした名所も都合よく取り込んでいく貪欲さをもっていた。

それにしても、虚妄の物語世界にどこまで関わりあっていったらよいのだろうか。そろそろ終わりにしてもよいかと考えている。

第四章

地誌考証と偽書批判

——相原友直『平泉雑記』の義経蝦夷渡り説否定論を中心に

はじめに

義経蝦夷渡り（不死）説は江戸時代の一七世紀後期に語られはじめ、一八世紀に入ると物語がいっそう展開し、それに関わる義経の遺物・遺跡なるものも東北・北海道の各地に「発見」され紹介されるようになる。このような義経物語の流行に対して、それは史実ではなく偽作だとする批判、否定の論も江戸時代から少数派であるが存在した。[1] そのうち徹底した論駁を加えていたのが、本稿で俎上に載せる相原友直であった。

相原友直は元禄一六年（一七〇三）に仙台藩の気仙郡高田に生まれ、仙台に出て医学や経史を学んだのち京都に遊学した。[2] 享保一四年（一七二九）に帰郷し、医業のかたわら、『平泉実記』（宝暦三年〈一七五三〉刊）、『平泉旧蹟志』（宝暦一〇年）、『平泉雑記』（安永二年〈一七七三〉）の平泉三部作や『気仙風土草』『松島巡覧記』など、仙台領に関する地誌類の執筆を行い、天明二年（一七八二）西磐井郡赤荻《あこおぎ》村で生涯を終えている。

友直にとって磐井は、自分の祖先が胆沢郡の采地にあわせて宅地を賜った郡で、平泉の隣であるその村すなわち赤荻村には幼年の頃よりたびたび遊んだという。彼には「山水の癖」があって、勝地佳境を尋ねて遊ぶことが好きで、かつて平泉達谷の遺蹟を訪ねたとき、その地に関する記録を探したがなく、それが『平泉実記』を著すきっかけとなった（『平泉旧蹟志』跋文）。『平泉実記』は、古史旧記に散見する記事を集めて、頼朝の泰衡征伐を中心に盛衰を述べたもの、『平泉旧蹟志』は僧徒村老の口碑や世父先人の譚話に基づいて、藤原氏時代の中尊寺以下の堂社・仏像・寺宝や跡地などを述べたもの、そして『平泉雑記』は先の二書に漏れた、怪異かつ児童の談話と違わないものであっても捨てがたくて、平泉に関する「正史」から「郷説」にいたるさまざまな事項を考証したもので、結果的に三部作となった。

これまでも相原友直による義経蝦夷渡り説批判については紹介されてきたが[3]、偽書・偽作批判とともにそれを可能にした友直の史実考証の態度や方法についてはまだ立ち入った検討がなされたことがない。本稿はその点に取り組もうとするものである。あわせて伝説研究をめぐる地域史の課題を意識して論ずることになる。平泉三部作を対象とするが、『平泉雑記』が最も詳しく論じているので、それを中心に扱っていくことになろう[4]。

一　義経蝦夷渡り説の否定——義経の死をめぐって

相原友直がどのように当時跋扈しつつあった義経蝦夷渡り説を全面的に否定していたのか、

まずはそのことから確認していこう。『平泉雑記』に「義経渡蝦夷」の項が立てられている。

義経が蝦夷島へ落ちて行ったというのは「古来ノ俗説」であり、これを「実説」、あるいは「妄誕」であるとして、人々のその好みや信ずるところによって是非を論じ合っている。『東鑑』『盛衰記（源平盛衰記）』『義経記』『太平記』『剣巻』などを信ずる者は義経が平泉で自害したという。いっぽう、「近世」の『武家評林（本朝武家評林）ノ附記』（遠藤元閑、元禄十三年〈一七〇〇〉刊）・『義経勲功記』（馬場信意《のぶのり》、正徳二年〈一七一二〉刊）・『鎌倉実記』（加藤謙斎、享保二年〈一七一七〉刊）等の書を信ずる者は、義経が蝦夷へ落ちて行ったという。しかし、蝦夷渡りの諸説は「家伝」、「異人ノ譚話」、「古記ノ説」、「唐ノ書ニ出タリ」、あるいは「蝦夷ニテ死タリ」、「唐へ渡リ仙人ニナリタル」などと「造リ出ス者」が自分の「慮」にまかせて、それぞれ異なったことをいうので「帰一」の論がない。「実地」を踏む者はそのような説を採ることはありえない。察するにそれらは「俚俗ノ談話」に基づき、「新奇ノコト」をまじえて書にし、「世ノ愚昧者」に売ろうとするものである。そうした書をみると、「地理ノ違ヒ」や「文章ノ妄」が多くあり、信じがたいことのみである。したがって、「予（友直）」がかつて『平泉実記』を著したときには、史実を『東鑑』に採って他の疑しいものには求めなかった。これは「私論」を捨て「公論」に従う、「野史」を取らず「正史」を採るという考えに立っているからである。

およそ、このように友直は述べている。とりわけ「近世」（近頃の世の中）に出版された、義経が蝦夷(蝦夷島)に「落行」したとして新奇の説をまちまちに唱えている『蝦夷勲功記』などの「野史」に批判の矛先が向けられていた。それは「実地」を踏まえていないからであり、そのために、地理の違いや文章の齟齬がめだち、信用に値しないというのであった。義経最期の地である平泉の地誌・史実考証を行ってきた友直にとってみれば、歴史(地域史)を歪曲する我慢ならないことであり、それらの近世の書物は、今日流にいえば大衆迎合的商業主義に陥って虚妄な論をふりまいていると映ったのである。

義経蝦夷渡り否定論は平泉三部作の最初の作品、『平泉実記』から一貫していた。『平泉実記』の「源義経最期並秀衡病死」の項に義経の死をめぐる史実の考証がある。頼朝の威に畏れた泰衡が文治五年（一一八九）閏四月晦日に衣川の館に押し寄せる。義経も家人伊勢三郎義盛ら（九名の姓名列記）をもって防がせ、いずれも最期の軍として身命を惜しまず戦い、討死あるいは自殺した。義経は持仏堂にひきこもり、二二歳の御台所と四歳になる女子を害して、その身も自害した。行年三一歳であった。およそこのように本文を記したうえで、義経の郎従が討死したというのは『義経記』の説で、『東鑑』には載っていないが、平泉の地に「郎従ノ墓」や「討死ノ旧蹟」などが今に残っているので、『義経記』が信用できるとして、その姓名を載せたと注記している。友直の『平泉旧蹟志』には、中尊寺山下の田の中にある亀井松は亀井六郎重清の塚、鈴木松は鈴木三郎重家の塚、中の瀬は弁慶立往生の瀬あるいは生害の所であるなどと、義経郎従の者たちの墓や死に場所の言い伝えが紹介されている。

　義経の最期については、『平泉実記』の本文の後に、「按スルニ」として友直の見解が述べられている。義経が平泉高館で自害したことは『東鑑』の説であり、『盛衰記』・『義経記』も同じである。然るに「近代」に書かれた「諸書」には、義経が平泉を逃れて蝦夷へ落ち行き、そこで死んだと言ったり、あるいは蝦夷より金国へ渡ったと言ったりしているが、これらは皆「怪異牽強ノ妄説」で信ずるに足らない、ゆえに今はこれを採らないと言明している。

　『東鑑』に基本的に依拠しながら、『盛衰記』などの物語や地元の言い伝えなども参照しながら、史実（本文）を確定・叙述するという方法的な態度であった。『平泉雑記』に、かつて『平泉実記』を編んださい、「野史」によらず「正史」＝『東鑑』に拠ったとして、正史主義の立場を再確認していたのは、そのことを意味している。したがって、友直における正史・野史・俗説（郷説）の各種言説の階層・序列構造が問われなくてはならないが、「正史」もまた「実地」に反証されうることを含めて、詳しくは節を改めて述べることにしたい。

　『平泉雑記』ではさらに詳しく義経自殺後のことが考証されている。「義経首」の項では、『鎌倉実記』の説を批判する。『鎌倉実記』は、義経の首が『東鑑』に文治五年（一一八九）六月一三日腰越に至ると書かれているのは伝写の誤りであると記していた。四月《（ママ）》晦日に討った者を六月まで延引するはずがないという推測からであった。これに対して、友直が「按ルニ」は、『鎌倉実記』の作者が『東鑑』の全編を読んでいないことからくる誤り（「不読ノ誤」）だと指摘する。『東鑑』によれば、奥州泰衡の飛脚が五月二二日申刻に鎌倉に参着して、去月晦日に予州（義経）を誅した、その頸は追って進ずると言上している。鎌倉ではその頃、鶴岡の塔を建立しており、六月九日がその供養であったので、義経の首を左右無く（差図なく）鎌倉に持参してはならない、途中に逗留すべしという飛脚を六月七日に奥州に下した。これによって、わざと延引して六月一三日腰越浦に至り鎌倉に言上したという。このような流れのなかで読めば何もおかしくはない、というのが友直の見解であった。

また、『鎌倉実記』が義経の首だと名づけて鎌倉殿に実検させたのは義経の身替りとなった杉目行信の首だと記していることに対しても、首実検に頼朝から和田義盛・梶原景時が腰越に派遣されたが、もしその首に疑いがあれば景時がそのままに打ち過ごすことは考えられない、景時は性質が奸佞で讒言をつねとし、義経に遺恨のある人である、こうした『鎌倉実記』の説は信ずるに足らない、ゆえに「野史ノ妄説」は採らず「正史」にしたがうと、友直は述べている。『鎌倉実記』は義経生存説が今日にいたるまで拠り所としてきた推測の発信源のひとつであるが、『東鑑』のある部分を取り出して推測・曲解・捏造するのを戒め、全体の史実の文脈のなかで理解しようとする、友直の考証態度が窺えよう。

「白旗大明神」の項には、義経の首を埋めて祭ったのが相州白旗里の白旗大明神であること、一説に藤沢に埋めたとも伝えること、伊賀国伊予大明神社は源義経の霊を祭るとのこと、そして『鎌倉志』にいう鎌倉の頼朝社は白旗明神と号することなどを紹介し、そのあとに平泉高館の義経堂について記している。友直の説明によれば、館（高館）の跡には古来より墳墓があり石があった。その石は俗に義経が腰をかけて自殺した石だといわれており、石の上に祠堂が立てられていた。天和三年（一六八三）、仙台藩主伊達綱村によって祠堂＝義経堂が建立されたが、その五〇年前まで元の祠堂があったとの「故老ノ聞伝」があるという（したがって、綱村の建立は正確には再建）。郡司（郡奉行）の河東田長兵衛定恒が平泉の衆徒と議して綱村に進言し建立に至ったものであるが、その経緯を松島瑞巌寺の通玄和尚が祠堂上梁文に書いた。友直がそれを全文引用している。

義経の霊廟の「大功徳主」として仙台藩主が登場してきていることに注目しておかなくてはならない。仙台藩によって高館での義経の死が公的に管理されたことになり、そこから不死蝦夷渡り説が生まれ出ることはありえないだろう。友直は白旗大明神と号するようになったのは「近世」のことで、義経甲冑の像は宝暦年中（一七五一～一七六四）の造立で、古像の再興だともいうとしている。また、『盛衰記』が記す、面長・短身・色白・出歯などという義経の容貌をあげ、『勲功記（義経勲功記）』の容貌記載について我は信じないと述べている。

友直によれば、義経堂は死に場所であって遺骸を葬った場所ではない。義経の墓は栗原郡三迫荘沼倉村にあり、義経が高館で自殺後、沼倉小次郎高次がこの地に義経を葬り、墓を築いたものとする。高次の館址がこの場所の山上にあり、往昔武蔵坊が逍遥したことから弁慶峰と称するようになったという。また、胆沢郡衣川の妙好山雲際寺（昔天台宗、今は曹洞宗）の寺中に義経の位牌があり、「通山源公大居士」とあるが、由来は不明としている。『平泉雑記』（南部叢書本）の「義経墳墓」の項にも同様の記述があるが、それによれば、沼倉の義経墳墓は『邦内名蹟志』に出ていることを明らかにしている。『邦内名蹟志』（佐藤信要《のぶあき》著、寛保元年〈一七四一〉跋文、『仙台叢書』第八巻）は、信要が仕えていた仙台藩郡奉行の萱場高寿の命を受けて、佐久間洞巌《どうがん》（仙台藩儒者）の『奥羽観跡聞老志』（享保四年〈一七一九〉）の誤りをただすために現地を踏査して書かれた地誌である。友直はこの書をたびたび引いているのは、「実地」の学として信頼を置いていたからであろう。

　義経蝦夷渡り説に関連して、『平泉雑記』の記載で触れておかなくてはならないのは、「蝦夷風土考之説」として引用されている『蝦夷風土考』なる書である。かの地の「浄瑠璃」に義経が幼歳の頃蝦夷地に渡り、八面大王の娘と通じて大王の秘蔵する「虎ノ書」を盗み取り、小舟に乗って本邦に逃奔したという、例の御伽草子の話を始めとして、東夷（東蝦夷地）クルの義経の宮、蝦夷地の六条間の弁慶崎、「鍬サキ」（義経の鍬形）、源公すなわちヲキクルミ、といったことなど、蝦夷地の義経伝説を記している。

すでに指摘されているように、この書は『蝦夷随筆』の異本である。(5)『北海随筆』(元文四年・一七三九)の名のほうが知られているが、元文二、三年に金座後藤庄三郎の配下として蝦夷地の金山を踏査した坂倉源次郎が著したもので、書名もまちまちに伝わったように世上にかなり流布した。友直はこの『蝦夷風土考』について、紙数が一四、五枚で松前のことを詳に記したもので、宝暦二年(一七五二)頃の作、しかし誰人の作かわからない、写本であると説明している。流布した写本の一つを友直も見たことになるが、内容上のコメントは何もつけていない。『北海随筆』はそれらの伝説を疑い深く書いていたから、蝦夷渡り伝説は信用ならない証拠として引用しておいたのかと思われる。

二 『義経勲功記』『鎌倉実記』批判

相原友直は、前節でみたように義経蝦夷渡りを説く「近世」の『義経勲功記』や『鎌倉実記』などを信用できないとして採用しなかったが、もうすこし友直の両書に対する批判に耳を傾けてみよう。

まず『義経勲功記』であるが、馬場信意《のぶのり》(一六六九〜一七二八)が京都の書肆から正徳二年(一七一二)に出した版本である。信意は京都の人で、『源氏一統志編』『朝鮮太平記』『北条太平記』などを著し、軍記物を得意としていた（『国書人名辞典』第四巻）。『平泉雑記』の「義経勲功記」の項で以下のように述べる。備中の安達東伯という者が諸国に遊行して、平泉に来たさい、常陸房海存が仙人となって残夢と名を改め平泉へ折々往来するのに逢い、残夢が昔の物語をするのを聞いて一つの書にした、それを京の馬場玄隆信意が潤色して一部二十巻の書とし、義経勲功記と名づけた。正徳二年頃の作なので、東伯が残夢に逢ったのは元禄・宝永の間（一六八八〜一七一一）のことであろう。その書は全編残夢の談話であると言っているが、実際には古来の記録に拠って書いたもので、その間に「詐偽」をまじえ、古来の説に違い、「新奇」の「怪談」を設けて、「愚蒙」を欺き喜ばせるにすぎない。「具眼」の人は明確に「虚実」を論じなくてはならない。『義経勲功記』の「杜撰」な点は枚挙に遑ないが、ここに一、二挙げて注意を促しておくというのであった。

その具体例として、東伯が衣川辺に逗留して逢隈川の清流に「凡心」の垢を洗ったという箇所、また、義経が平泉に在りし日、逢隈川の川筋をさかのぼって川上を遊覧したさい、「異人」に逢い、弁慶・海存の三人が人魚という物の肉を与えられ、おのおのこれを食べて、長寿を得て三人とも「仙人」になったとする箇所、および、その「細註」に衣川は駒形嶺の麓より流れ出て逢隈川に流れ入る、逢隈川は大川なり、衣川は小川なりと書かれている箇所を取り上げる。

友直の按ずるところによれば、残夢や東伯がいう逢隈川は北上川のことである。北上川の源は南部領岩手郡より出て、数郡を経て仙台領に入り、胆沢・江刺を過ぎ、岩井に入って平泉を経て数郡を過ぎ、鹿股で二つに分れ、牡鹿・本吉の両郡で海に注いでいる。また、阿武隈川の源は白川(白河)領の甲子山で、白川城辺より上流を妻恋川といい、下流を阿武隈川といっている。伊達郡を過ぎて仙台領に入り、伊具・亘理を経て、荒浜で海に落ちる。逢隈は仙台封内の南方の大河、北上は北方の大川である。平泉の北上川より亘理の逢隈川までは大概、三日余の行程になるほど隔たっている。それを、残夢が北上をさして逢隈というのか、夢中の語に似ている。信意が再撰のとき、両老人の「耄語」にしたがって、黒白を弁じなかったのはどうしてなのかと指摘する。友直がこのことを談じていたとき、ある人に、今の北上川を昔は逢隈川といったかもしれないではないか、みだりに難ずるものではないといわれたことがあった。友直がこれに反駁して、すでに田村将軍東夷征伐の延暦二〇年(八〇一)の頃、達谷窟の寄文に「東ハ限北上川」とあるのをみれば、残夢以前よりその名のあるのは疑う余地がないと答えたという。

また、次のようにも述べる。『勲功記』巻之三に、平泉の繁昌を記しているが、これはまったく『東鑑』から採ったもので、『東鑑』の伝写の誤りを知らないで、奥六郡の中の和賀を加賀としたり、嘉保の暦号を康保と書いたりしている。これらをみれば、『勲功記』がいかに

「偽」の作であるかわかるであろうと、指摘するのであった（「義経勲功記」の項）。

残夢の話というのは、『平泉雑記』の「残夢伝」の項に「羅山翁ノ神社考ニ曰……」と記して引用しているように、林羅山（一五八三～一六五七）の『本朝神社考』（寛永末年・一六四〇年前後成立か）に出典がある。『神社考』によれば、奥州に残夢という者があって、時々人と語るに、元暦・文治（一一八四～一一九〇）のことを、そのとき義経が何をした、弁慶がどうした、平家とどこで戦ったなどと親しく見てきたように語ったという。残夢の長生は枸杞《クコ》飯を好んで食べていたからで、人が怪しんで常陸房海尊かと聞くと喜んだというのであるが、むろんそこには義経の蝦夷渡り説などまったく語られていない。『義経勲功記』は、『本朝神社考』の残夢を利用したのだと見抜いていたのである。残夢のことは『神社考』ばかりでなく、浅井了意『狗張子』（元禄五年〈一六九二〉刊）など、多少の変化の幅を持ちながら語られ、世間受けする話であった。

『平泉雑記』は別に「常陸房海尊」という項を設けて、『俗説弁（本朝俗説弁）』（井沢長秀著、宝永三年〈一七〇六〉刊）の論を引用している。「俗説弁」に、海尊は義経に仕えたが、高館の合戦の前に山中に逃げ入り仙人となり、今に至り富士・浅間・湯殿山などに出現するという。しかし、海尊のような者は君を捨て生を貪る不忠の神仙にすぎず、海尊は常人より長命だとして今にながらえて所々に出現すると言い伝えるのは拙い、というのが『俗説弁』の見解であった。友直はこれを受けて、享保年中（一七一六〜一七三六）に常陸国阿波大杉大明神の流行(6)について論評している。この大明神は海尊を祭り、霊験のことがあり、ここかしこに飛んでいくといい、遠近の人が信仰し、その神輿を近国へ担い、江戸の方まで担って、老若これを尊崇することがおびただしく、ついに「公」（幕府）から禁止されることがあった。友直はこれについて海存の霊験などではなく、「妖僧奸巫」などが偽りをなし「愚昧者」を惑わしているものであって、戒めなくてはならないと述べている。友直の合理主義的な態度がここにも表れている。

『義経勲功記』とともに強い批判の対象になったのが加藤謙斎『鎌倉実記』（享保二年〈一七一七〉刊）である。謙斎は京都に出て医者をしていた人で、医学・本草関係の著作が多かった。友直は『平泉雑記』の「弁清悦物語」のなかで、「近世」の『義経勲功記』と『鎌倉実記』十七巻目などは、とくに後者を念頭に置きながら、『清悦物語』を基本にして「潤色」し作ったものであると暴いてみせる。その『清悦物語』とはどんな物語なのか。

友直は「清悦伝」の項を設け、佐久間洞巌の『聞老志』の記述を引用している。これは、洞巌が「俗間」に「文治ノ旧話記」を得たものという。「州人」（奥州人のことか）が伝えていう。むかし平泉に清悦と号す「異人」がいた。洛陽の産で予州君（義経）にしたがって東行してきた。予州が泰衡に殺されたあとも生き続け、「旧事」を説くに世に伝えていることとは異なっていた。剣術をもって人に教えていたが、その容貌は歳月を経ても壮年のようだった。郷人が怪しんで清悦に聞く。答えるに、同輩とともに魚を釣って遊ぼうと、衣川の源をきわめて行くと、仙境の老父に出会い、「人羹《ニンカン》」という赤肉をもらって食べた、そうすると身体が「壮健」になるのを覚えた、という。この人は寛永の頃まで「人間」(世の中)にみえたが、その終わりはどうなったかわからない。およそこのような話だった。

友直によれば、洞巌のいう「文治ノ旧話記」とは今に知られている『清悦物語』のことで、洞巌による清悦伝の全文は『清悦物語』をもって書いたに等しいものであった。『聞老志』が残夢のことは清悦を髣髴させるといい、同じ人でありながら伝が異なっていることかと理解していたことも、友直は付け加えている。友直は「弁清悦物語」の項で、『清悦物語』についておよそつぎのように紹介している。

「俗間」に『清悦物語』という一冊の書がある。小野太左衛門という者が寛永六年(一六二九)二月に、清悦という人に問うて、義経の下向より滅亡に至るまでの話を筆記した。太左衛門は村田御曹子右衛門ノ大夫なる人の家臣という。予(友直)は正徳五年(一七一五)の頃、四、五十年以前の人がその書を写したものを見た。文の拙さや「迂誕」なところを見れば、「俗間」で書写され伝ってきただけで、印行の書ではないだろう。清悦は義経の家臣にして、二〇歳頃、義経に従って京都より平泉に下り、「異人」に会って異物を食べ長生した義経の臣四人の一人で、寛永七年（一六三〇）まで存命して平泉に住んでいたという。太左衛門は清悦を師として兵法（剣術）を学んでおり、昔のことを聞いて書き記したという。とすれば、寛永七年まで、清悦は四七〇～八〇年も長生したものであろうか、と。

考えてみるに「近年編集流布」の『鎌倉実記』は義経の雑色喜三太の名を清悦としているが、そうだとすれば喜三太が長生した者になり、いぶかしいことである。『鎌倉実記』の書は「造言付会」が多く信用しがたい。このように友直は批評し、『義経勲功記』『鎌倉実記』などは『清悦物語』を基本に潤色したものにすぎないと断じていくのである。そもそも、清悦が太左衛門に談話した、義経は生害し、「異人」が与えた肉を食べた四人の者は敵の中に翔け入っても殺害する者なく生き残ったとする語りは「抱腹絶倒」ものだというのが、友直の『清悦物語』の受けとめかたであった。

また、「猫間淵」の項でも、『鎌倉実記』が『清悦物語』に拠っていることを暴露する。『清悦物語』に、泰衡の下知で長崎四郎等が大将となって軍兵を率い、義経を討とうと高館に押し寄せたとき、北上川が一面洪水となり逆浪が岸を打ち、長二丈ばかりの大蛇が二疋あらわれ、長崎を背上に乗せて水に入れ溺死させたとある。『鎌倉実記』にも同様この蛇の出たことを載せて、高館没落の一条は「雑記小説」より取ったと書いているのは、『清悦物語』のような書に拠って「奇怪ノ妄説」を著した証左であるというのである。

『鎌倉実記』に対する批判は以上にとどまらない。同書は『金史別本』なる偽書を仕立てて、義経が金国に渡ったかのように人々を欺こうとしたことはよく知られている。友直は『金史別本』が偽書であるとまでは見抜いていないが、「弁鎌倉実記」という項を立て、日本の源義行なる者が金国へ渡ったという『鎌倉実記』の説が、『金史別本』にあることから、それに引き合わせようとして、いかに多くの「偽言」を設けたものであるか、また「正史」に齟齬して「紫朱」(偽物と本物)を混乱させるものであるかを証明してみせようとした。そのため、まず「金史ノ文」を「国字」に直して掲載し、「童蒙」に示している。

ここでは友直の読み下しをさらに要約しておく。「金史列将伝」にいう。範車国の大将軍源光録義鎮なる人の父は日本の陸華仙という所の権冠者義行である。義鎮は始め新靺鞨部に入り千戸邦の判事となった。咸京録事の官を経て、金の二代目章宗の詔により光録大夫の官となり、大将軍に任じられた。範車城を守護し北方の諸国の押えとなった。義鎮の父である権冠者義行は往昔章宗の恩顧を蒙った。総軍曹事の官として北鉱に入り、蘇敵を破った。都に帰り幕下に属し、範車城を築いて守護した。その頃北天竺に攻め入り、龍海を渡って一つの島に至る。この島に伊香保の行辰という老仙人がおり、義行はこの人に帰依し尊敬して長命を得た。その後、唐土と往来し、現われたり隠れたり定まることがなかった。

友直は按ずる。『鎌倉実記』の作者はこの『金史』に出てくる義行の名に引き合わせようとしている。義行の名は、義経の訓が後京極良経と同じであるのを忌み、頼朝勘気の後に鎌倉で名付けたものであるにもかかわらず、それを秀衡が名付けたように言い紛らわし、唐土までも義行と名乗ったという。基本を決定しておき、これに細註を付けて潤色、評論し、「雑記小説」によって記したので信用しがたいと書いているが、何たる言か。信用しがたいことをあげて、人を惑わすものに他ならない。『勲功記』の義経が蝦夷に落ちたというのと、「事実」が大きく異なっているものの同日の談である。『金史別本』に義行が仙人になったように書いているのは、好事の者が伝聞して書に筆記したものであろうか。日東の陸華仙は日本の陸奥気仙郡のことか、または栗原の華山のことであろうか。陸華仙という所が往昔あったのか聞いたことがない。義行という者が金国へ渡ったというのは、虚説でないかもしれないが、義行を義経とするのは理において不当である。義経は智謀武勇、他に恥ずることのない猛将である。平家追討の中、自分の意に合わないことは頼朝の下知であっても聞かなかった。義経が金国に逃れたとしても、敵対した方が改めた名を、外国にあって名乗る必要があるのか。金の源義行は陸華仙の義行であって、源義経でないことは分明である。『鎌倉実記』の作者が、たまたま『金史別本』のなかに似ていることを見つけ、しかも義経が松前へ渡ったとする「俗談」もあることから、このように付会したのであろう。「童蒙」をあざむく手段といわなくてはならない。このように、友直の批判は厳しかった。

『鎌倉実記』の作者加藤謙斎は実記とは称しながらも面白い読み物を提供しようと考えただけの企みにすぎなかったかもしれないが、『金史別本』に惑わされた人々が多かった。仙台藩の儒者佐久間洞巌もその一人で、『金史』という外国の書であるがゆえに信じてしまった。新井白石（『新安手簡』）や篠崎東海（『和学弁』）によって偽書であることが判明する。しかし、それによって義経の金国渡海説がたわごととして忘れ去られたわけでなく、新たな義経物語を発展させていく跳躍台になってしまった。相原友直は白石や東海の偽書暴露をおそらく知らなかったが、友直の独自の考証によって、義経が義行と名乗るはずがないという一点から潤色・付会を読み取っていた。

『鎌倉実記』の杜撰ぶりはそれにとどまらない。『鎌倉実記』の中に南部戸頭武国という者が出てくるが、建久以前のことであるのに、奥州の北方をさして南部と称する証拠はなく、これは「詐ノ説」だと批判している（「南部戸頭武国」の項）。また、『鎌倉実記』の作者が弁慶を評して、その武勇は天下後世に至り童子婦人までも知れ渡った事実であるかのように書いているが、義経起兵の初めから今に至るまで弁慶の勇力武功の事実を記す実録を見たことがない。博識の人を待ち、疑問をなくしたいとも述べる（「弁慶筆跡説」の項）。

『義経勲功記』『鎌倉実記』の二書のほかにも、友直によって批判にさらされた書物などがある。たとえば『北条九代記』（浅井了意著か、延宝三年〈一六七五〉刊）に対して、頼朝の奥入りのことはまったく『東鑑』に依拠して書いているにもかかわらず、『東鑑』に異なることが多いという。それは、世人に売ろうとして、「造言」をなして原文を偽り飾っている、原文に伝写の誤りがあってもそれを考えることなく、その説に従っているところも多いなどと、誤謬の訂正の必要性を指摘している(「北条九代記頼朝奥入」の項)。

また、『和漢三才図会』(寺島良安、正徳二年序、刊年不詳)に対しても、平泉中尊寺や達谷のことは甚だ誤っていると容赦ない。この書の作者は『東鑑』などの「正史」の説を考えずに、「文盲」な回国僧などの談話を聞いて書いたのであろうという。自分も『平泉実記』に、大関山のことを書いたさい、ある人の話を聞いて今宿村を金森村、千住寺を千手寺と書いた。後で行ってみると、今宿は山の麓にあり、千住寺は山の頂にあった。無耶の関と言って無耶の観音堂があり、千住寺という小寺であった。友直は自分が誤ったことを後悔していた(「和漢三才図絵《ママ》之語」の項)。人の話を信じて書いてはいけない、という教訓を『和漢三才図会』にも感じたのであった。同書は、中尊寺の鐘は桜川より出たとしているが、これは虚説で、『図会』の書は平泉中尊の事に関してはすべて妄説が多く、採るにたらないと、他でも述べている(「毛越・中尊両寺之鐘」の項)。

友直は前述のように、『清悦物語』という「俗間」の書にも批判の鉾先を向けていた。『平泉図』もそういった「俗間」に伝わってきたものであった。『平泉ノ図』は秀衡の時に写した図だといわれているが、友直がこれを写し取って熟覧してみると、秀衡の時代の図ではなく、後世になって、里人の語り伝えをもとに好事の者が作ったものであることがわかったという。『東鑑』には中尊寺の堂塔が「四十余宇」とあるが、その図を見ると、今の世に残る堂社と、言い伝えとして知られる跡を図に載せているだけで、『東鑑』の数に合わない。禅房も今、両寺を合せて「三十六区」残るが、それのみが図にある。諸士の宅地や市井を描いているが、諸士の名も町々の名も記していない。堂塔のある場所も違っている。このことから後世の人の手になることを知ったというのである（「平泉図」の項）。今日、中尊寺の子院利生院蔵の『平泉古図』やそれをもとにつくられた絵図が伝存しているが、友直はそれを見たのであろう。いずれも近世城下町の姿をしており、江戸時代の知識がなければ描けないものであることが明らかにされている。[7] 友直はすでに『東鑑』の記載と比べてみることで、当時の時代を伝えるものではないと認識していたことになる。

「俗間」に伝え人口に膾炙している、「きのふたちけふきて見れつ《は》衣川裾の綻さけのほるらん」という「衣川歌」の出典にも拘りを見せている。友直がある日『南部根元記』の写本を見ていると、天正一九年（一五九一）九戸征伐の凱陣で、糠部から召し連れた蒲生氏郷の千人夫の者が衣川に鮭が上るのをみてこの歌をうたったとあり、『南部根元記』が出所かと思った。ところが、その後、『藻塩草』（宗碩著、永正一〇年〈一五一三〉年頃成立）を見ると、衣川が絹川となっている歌があった。そこには出所が記されていないが、絹川を衣川の文字に換えて詠んだのではと気付いたというのであった。友直はこのような経験から、自分の家に蓄えた書籍の乏しさゆえに、広く考え探そうとしてもできない、この『平泉雑記』を編むにあたっても、その「徴《シルシ》」（証拠）を取るのに暗く、人を誤らせているのではないかと謙虚な気持ちであった。しかし、古来「口碑」に残っていることを記録しておかなければ、後に自分に似た癖を持つ者が調べるときの便宜にならないだろう、自分の杜撰を笑われてもよいのだという気構えを示している。この「衣川歌」のことも載せるほどではないにしても、その来由を知らない者の惑いを解くために挙げたのだと述べていた（「衣川歌」の項）。後の世の人のために、調べてわかったことをきちんと書いておきたい、そのような学問の人であった。

三　正史・野史・郷説

『平泉雑記』には批判の対象であれ引証のためであれ、さまざまな書が取り上げられている。友直ばかりではないが原文主義のようなところがあって、原文をきちんと示してみせ、それに愚按ずるというかたちで自らの考えを述べるというスタイルが採られていた。友直は前述したように、所有する書籍が乏しいため博捜に不便を感じ、考証の不十分さを述べていた。『平泉雑記』が本文中に記した書籍名は、列挙するのは省略するが、百種近くに及んでいよう。平泉関係の書としての数であるから、決して少ない数ではない。友直はこれらの書物に階層的な序列を与えていた。すでに述べてきたので気付かれることであるが、「正史」と「野史」との区別、「野史」でも比較的古い時代のものと、「近世（近代）」のものとの区別、そして書肆から出版された版本と、そうではない写本として流布した「俗間」の書との区別がなされ、さらには書物にはなっていない「郷説」「俗説」としての言い伝えレベルのものまで、友直が視野におさめ、利用しかつ批判を加えていた。

これらの各レベルの書物のうち、友直が最も信頼を寄せていたのが「正史」すなわち『東鑑』であった。それは「義経渡蝦夷」の項で、私論を捨て公論に従い、野史を取らず正史を採ると述べていることに象徴的に表れていた。『平泉実記』序の冒頭に『東鑑』は「実録」である、もって鑑すべし、証すべしと記している。「近世」になって「坊中」（巷間）に出版された「野史」は虚実混淆し、その書は利用するにあたらない、かつて平泉・達谷のいにしえを現地で聞いたところと合わせると、その過半が「誕妄」であるとし、「野史」とくに「近世」の「野史」を退けていた。「正史」は国家によって編纂された歴史書、「野史」は在野・民間で撰述された歴史書のことであるが、「正史」と「野史」との区別が明確に意識されていた。

「正史」を最重要視する友直の態度は正史主義と言ってもよいが、しかし、その記述をすべて正しいと考えているわけではなかった。「東鑑ノ地名ノ訓、今称スル処ノ地名ト違ル者アリ」（「東鑑ノ訓点」の項）、「東鑑ニ、古津天良《コッテラ》ト訓セシハ誤ナルヘシ」（「骨寺《ホンデラ》」の項）などと、「実地」の立場から間違いを指摘することが少なくなかった。今日でも鎌倉幕府の関係者によって編纂された『東鑑（吾妻鏡）』は、幕府滅亡によって失われた幕府史料の欠を補う基本史料としての価値が高い。友直の『東鑑』に臨む態度は今日の中世史家とそれほど違うものではない。

むろん、編纂に使われた文書類が第一次史料であることはいうまでもないが、原文書主義は友直にもあてはまることであった。『平泉雑記』巻之四に、古来中尊寺に相伝する「清衡経蔵寄文」「頼朝卿御下文」「学頭職補任状」などの文書を全文掲載し、友直の「愚按」がつけられている。しかも、友直は原文書ではなく伝写本を写したために「亥豕《がいし》ノ誤《（謬）》」（文字の書き誤り）のあること計り知れないと、厳密さを求める人であった。伊達綱村の「義経廟上梁文」を全文掲載したのも同様である。

書物のなかでは、『東鑑』は別格として『義経記』はある程度信用がおけるという評価であった。「義経記」の項で、『可成談』にある「曽我物語・義経記ハ拙キ物ナレト、時代ヲイハヽ、太平記ナトヨリハ前ノ物也……」という記述に触れて、『義経記』は「近世出ル処ノ偽書」とは異にして信用すべきことが多い、しかし誤りもまた少なくない、年月日時の齟齬、地理・

人名の誤謬など枚挙するに遑ない、正史と突き合わせて考え扱わなければならない、と述べている。また、『義経記』の姉歯の松の記述を引用し、『義経記』に記す地理・方角は疑うべきことが多く、ことごとく信用しがたいとする（「義経記」の項）。「基成」の項にも『義経記』は謬誤が多いので、正史と照合して判断すべしと繰り返している。

『義経記』や『盛衰記』にはある程度の価値を認めていたが、「近年編集流布」の「野史」である『鎌倉実記』『義経勲功記』などに対しては、新奇・誕妄・杜撰・偽作などと最大限の非難を浴びせていた。改めて繰り返すまでもない。『平泉実記』凡例に、この書は頼朝の泰衡征伐を書くのが目的であるが、「近来平泉の事を載るの書誕妄にわたる者多きが故に、今是を訂し実に帰して旧蹟をたづぬるのたよりとせんと欲す」と記している。『平泉雑記』にもそれが当てはまろう。執拗な批判を繰り返したのは、事実が面白おかしく捻じ曲げられ、それが語られ通用していくことに、地域史からかけ離れた歴史の捏造を感じていたからに他ならない。

これらの近世出版の信用ならない書とともに、「俗間」に伝わる書の類もあった。『清悦物語』がその最たる書といえ、『鎌倉実記』などの妄想をかきたてる基になっていたと友直は指摘していた。また他に、『光堂物語』なる一冊を友直が「俗間」に得て、その虚実を関山中尊寺の僧某に問うことがあった。僧某によれば、『西京雑記』『酉陽雑俎《ゆうようざつそ》』『輟畊録《てっこう》』などに類することが書かれているとの評言であったが、「奇怪」なことも捨てるに惜しく、同士の談柄の助けにここに載せるとして、引用している（「光堂物語」の項）。「俗間」の書であっても、無視・放置するのではなく、論評の対象にすべきとの態度であった。「俗間」に伝わるという点では、前述の『平泉図』や「衣川歌」も含めてよいだろう。

友直の史実考証のうえで、『東鑑』を補い正すものとして重視されていたのが「郷説」である。「里老ノ説」「古老ノ説」「村老ノ説」「古来郷俗言伝」「郷人伝説」「俗説」「里俗ノ曰」、「里人ノ説」「郷俗ノ説」などとも書かれる。いちいち事例はあげないが、「秀衡之家臣」の項で、秀衡家臣の名前を『東鑑』「清衡経蔵寄文」『義経記』「郷説・里老ノ説・村老ノ説」から拾い出し列挙しているが、友直がたまたま「記録」または「郷説」に残るのは右の者たちで、「近世印行ノ書」に著わされた人物については信用しがたいのが多いので、挙げなかったとしている。ここに「郷説」重視の態度を窺うことができる。たびたび引き合いに出すが、『平泉実記』凡例に「諸書散出の説をあつめ、伝聞村老の談をえらまず、証すべきものを録す」という態度は『平泉雑記』にも一貫していたといえよう。付け加えておけば、地域伝承とは関わりない義経蝦夷渡りの「俗談」（「弁鎌倉実記」の項）の類とは明らかに区別されていることは注意しておきたい。

以上の他に、友直に先行する仙台藩の地誌も利用していたので、そのことにも触れておかねばならない。佐久間洞巌の『奥羽観跡聞老志』と佐藤信要の『邦内名蹟志(名跡志)』の二書が引例されている。洞巌は『義経勲功記』や『鎌倉実記』に惑わされ、義経の蝦夷から海を渡り女真へ至ったと信じてしまったが、友直はその誤りを指弾していない。洞巌が師匠にあたるからであろうか。一方『邦内名蹟志』に対してはどうか。仙台領内の田村将軍建立堂社を調べるにあたって弟子にその書を参考にさせ、それに付け加えて二一ヶ所を挙げているように、利用できると考えていたのは確かである。しかし、批判は加えていた。たとえば、玉造郡上宮村池月沼について、俗説に佐々木が乗った馬はこの池月の出だと『名蹟志』に載っているが、それは「妄説」であるとか(「生唼磨墨」の項)、『東鑑』に高館が衣川館とあることから、『名蹟志』が高館を頼時の衣川柵としているのは甚だ誤りで、基成・義経のいた衣川館と頼時の衣川柵とは同所でないことは『東鑑』をよく考えれば分明だとか述べていた(「関山中尊寺之号」)。友直には先行の仙台地誌を批判的に乗り越えようという意図が働いていたに違いないのである。

おわりに

相原友直の史実考証の方法は、『東鑑』を重視する正史主義の立場にたちながら、全体の文脈のなかで考える、実地に即して考える、郷説によって裏付ける、新奇な説を排除する、正史といえども絶対視しない、そのような学問的な態度に徹しようとしたところに特徴が認められる。こうした学問の方法的確信に裏付けられて、「偽書」の「妄誕」を告発し、義経の蝦夷渡り伝説は新奇に我慮に基づいて作りだされたものであることを暴くことができたのであった。ここでは義経蝦夷渡り伝説に限って述べたにとどまるが、田村麻呂伝説などにおいても友直の考証は着目されてよいし、近世の平泉研究の水準という点での評価も必要であるように思われる。さらに、その後の仙台藩の学問的継承にも大きく寄与しているに違いない。今後の課題としたい。

友直は「郷人の伝説」をむやみ信じようとはしなかったし、かといって切り捨てて顧みないというのでもなかった。実地の重視、すなわち土地で語られていたことを大切にしながら、文献史料と伝説の突き合せ、緊張関係のなかで正否を判断しようというのであった。それが諸説紛々で決めかねるなら、後人の人の考察にゆだね史実が一つに帰することを期待した。伝説への素朴的な信仰といってよい思い入れが今日でさえ、いたるところに蔓延しているのをみるとき、友直の格闘は決して色褪せていない。

ただ、友直のいう「郷説」、それは「里老」「古老」「村老」によって語られた土地の伝説・言い伝えをさしているが、それ自体がはたして古くからの歴史性を担保しうるものなのかという点が明確に意識されていたわけではない。伝説は語られた時点での真実性（もっともらしさ）にすぎず、古き事実を証明しているものでは全くない。そう考えなければ伝説研究は出発点に立てないが、友直の著作に限らず、近世の地誌・紀行類にたびたび「土人の説」なるものが紹介される。「郷説」や「土人の説」のなかにどのように分け入っていけるのか、本稿を通して大きな課題に直面してしまったように思う。

注

（1）拙稿「義経蝦夷渡り（北行）伝説の生成をめぐって――民衆・地方が作り出したのか――」（『研究年報』第三九号、宮城学院女子大学附属キリスト教文化研究所、二〇〇六年）〈本書第一章〉、森村宗冬『義経伝説と日本人』（平凡社新書、二〇〇五年）など。

（2）『仙台人名大辞書』（仙台郷土研究会、二〇〇五年復刻版、一九三三年刊）、『国書人名辞典』第一巻（岩波書店、一九九三年）。

（3）編輯兼発行者岩崎克己『義経入夷渡満説書誌』（一九四三年）。森村前掲書、および前掲拙稿など。森村は相原の『平泉雑記』の「義経生存説批判」について「反証をあげての反論というよりは、感情的非難という色合いが強い」と評価し、同じく批判説の伊勢貞丈ともども「合理性をもって同じ土俵に乗ったことで失敗し」た、「非合理は合理を駆逐する」例だと指摘している。しかし、知識階級に属する人たちでさえ、ほとんどの人々がそれを真に受けてしまう合理・非合理の線引きが不明瞭な江戸時代にあって、大勢に呑まれず批判しえた数少ない一人であることについて、むしろ積極的な意義を認めなくてはならない。「感情的非難」というレベルなのか、相原友直の史実考証方法に立ち入った検討を必要としている。郷土・地域研究における合理的・実証的精神の先駆という姿が浮かんでくるはずである。

(4)相原の平泉三部作の利用にあたっては、平泉町史編纂委員会編集『平泉町史』史料編二(平泉町、一九九三年)一〜二二一頁による。引用頁は示さず、「目録」の項目を本文に示すにとどめた。

(5)岩崎前掲書によると、「義経伝説に関する限りにおいて、『蝦夷随筆』の異本の一つにすぎない」と指摘している(九五頁)。

(6)阿波大杉《あんば》大明神の流行は享保一二年(一八二七)である。大島建彦編著『アンバ大杉信仰』(岩田書院、一九九八年)などの研究がある。

(7)斉藤利男『平泉――よみがえる中世都市』(岩波新書、一九九二年)五〇〜五二頁。

第五章

松浦武四郎と義経蝦夷渡り伝説

一　問題の所在

一七世紀後期になって語られだした源義経の蝦夷渡り伝説のなかで、義経や弁慶がアイヌの人々に崇敬されてきたとする言説がまことしやかに信じられ、近世中期から近代にかけていっそう流布・浸透してきたという歴史があった。江戸や京・大坂に住む作家・知識人の想像力ばかりでなく、じっさいに蝦夷地に足を踏み入れた人によってもその見聞として紹介されたことがその助長を促していた。

幕末期に蝦夷地を踏査し、場所請負制下のアイヌの人々が置かれている悲惨な状況を告発した松浦武四郎（一八一八〜一八八八）もまた例外ではなかった。たとえば、『蝦夷訓蒙図彙』巻の二（草稿本）に、「源義経《ヲキクルミ》・弁慶《シヤマイクル》」の図を載せ、次のような説明文をつけている。

大古に義経、弁慶其外多くの軍人船にて此島に来り、蝦夷人に山猟海漁の業を教え、是より奥の国々までも皆日の本になびかさしめんと、カラフトさして入り玉ひしと。依て我々の猟漁となし、生活の事は皆判官《ホウグワン》様より授りしことなりと。等教〈尊敬カ〉を

ぞなしたりけり。(1)

アイヌの人々に狩猟や漁業の技術を教えたのがこの島にやってきた義経・弁慶たちで、義経がオキクルミ、弁慶がシヤマイクルであるとし、義経は判官とも呼ばれて尊敬され、さらには奥の国々まで日本に服従させようとカラフトへ入ったとしている。こうした言説は知識人も巻き込んで通俗的に語られていたことで武四郎独自のものではないが、武四郎はそれに疑いを持つことなく受け入れ、アイヌの同化や外国への影響力といった日本意識を表出させるものとなっている。

もとより、国土を創造し、人間の文化の基をひらいたのは、アイヌの人々にとってはアイヌラックル、オキクルミ、サマユンクルなどといった人文神であり、その功績や事跡についての物語(聖伝)が謡われてきた。そうした人文神と義経とはまったく無関係なものであって、オキクルミは義経などというのは近世以来の和人側の勝手気儘な付会にすぎない。しかし、事実無根のこじつけであっても、和人・アイヌの関係性のなかで和人により繰り返し語られることによって、アイヌの人々の意識のなかに表層であっても義経・弁慶が入り込んでいくこととなった。そのような関係性のなかに、武四郎の右の文を投じてみたとき、どのような問題がみえてくるのであろうか。

『蝦夷訓蒙図彙』は未完成であったので、世間の目にほとんど触れることはなかったと思われる。この書だけでなく、武四郎の弘化・嘉永期（一八四四～一八五四）、および安政期（一八五四～一八六〇）の蝦夷地踏査に基づいた『三航蝦夷日誌』（『校訂蝦夷日誌』）、『竹四郎廻浦日記』、『丁巳東西蝦夷山川地理取調日誌』、『戊午東西蝦夷山川地理取調日誌』（以上稿本）、『東蝦夷日誌』、『西蝦夷日誌』（以上版本）などに、蝦夷地における義経の事跡や物語をよく書きとめている。(2)ときに武四郎なりの受けとめかたを示し、義経伝説への同調・親和的な態度が表明されている。アイヌの人別一人ひとりの境遇を聞き出しながらアイヌの人々と接していった武四郎であったが、蝦夷地の義経伝説を史実であるかのように扱い、その紹介者として広めていく役割さえ果たしてしまったのはなぜなのか。近世・近代移行期という時代環境における武四郎の立ち位置と関わらせながら、ささやかな考察を行ってみたい。

二　武四郎の義経伝説への親和的態度

1　『三航蝦夷日誌』

松浦武四郎は義経蝦夷渡り伝説に対してどのような態度で臨んでいたのであろうか。まず、弘化二年(一八四五)から嘉永二年(一八四九)にかけて三度にわたる蝦夷地踏査をもとにした稿本『三航蝦夷日誌』(『校訂蝦夷日誌』)から検討してみよう。

『三航蝦夷日誌』(『校訂蝦夷日誌』)の凡例に、その説の取りとめのないことはすべて省くとしながら、「土俗」が「古来」より伝えてきた「談話」については、「異邦の風俗」を知る「証」にもなるので、「妄説」と思われるものであっても聞いたままに記し置いたとしている(上三四〜三五頁、一編八四頁)。松前・蝦夷地の和人やアイヌが語る伝説の類を重視する態度であるが、そうした「談話」のなかに義経・弁慶の物語もむろん含まれている。

松前の地を初めて踏んだ武四郎は、この地に何か「源廷尉」の「旧跡」はないのかと「好事之士」に尋ね求めている。何という「古跡」もないとのことであったが、ある人が、地蔵山に義経が馬に乗って渡ってきた尊像を安置するというので、早々に上って開扉してみたところ、いかにも「馬上甲冑之威厳たる像」があったものの、「義経公」ではなく勝軍地蔵であった。しかしながら、武四郎にとってはすこぶる「古色」の趣があって面白くみえたが、翌年渡海のおり行ってみれば、修復され「古色」を失っており、残念に思われた。堂を預かり世話をしている蔵町の桜庭丈左衛門という年寄に、この像を成るべくなら義経の像に彫り直して安置しておけば、「今よりの旧跡」になるものと話して一笑したという(上四四

〜四五頁、一編九三頁）。わざわざ松前人に義経の旧跡の有無について質問するほどであるから、義経の蝦夷渡り伝説を真に受けているところがあり、勝軍地蔵を義経像に作り変えるというのも冗談ばかりとはいえず、義経の「旧跡」の存在をどこか期待しているところから生じている発言である。

日高地方のサル（沙流）会所でのことである。このときはサルベツ（沙流川）の川筋を上っていかなかったが、川上およそ二里ばかりにアヨヒラという処があり、ここに「判官殿」の「古跡」があり、それは岩窟であると、聞いたままに記したとしている。そして今、「世間」では「義経公」のことはさまざま「議論」があるけれども、それはともかくも何れこの地に渡ったのであればこの辺りに来たのであろうと思うと述べ、義経の蝦夷渡りをそうであって欲しいとの期待を含んで肯定的にとらえ、サル会所元の「夷人」が話してくれたという物語を詳しく書きとめている。判官義経殿《シャマイクル》が弁慶殿《ウキクルミ》という者を連れて蝦夷が島に来て、ここの「酋長」の家にある「虎の巻」（「軍の秘書」）を、婿に入り込んで油断させ、奪い取って逃げ去るという、御伽草子『御曹子島渡』の粗筋とほぼ同様の物語であった（上三〇六頁、一編三五〇頁）。

この地には総じて「蝦夷浄瑠理」というものがあって、こうしたことを作り述べているが、その語りは「蝦夷語」なので「通辞」に聞かなければ理解できないとし、『蝦夷婆南志』にそうした「浄瑠璃」を一つ挙げておいたと記している。

『蝦夷婆南志』の記載については後述するとして、『御曹子島渡』様の物語がアイヌ自身によって語られたかのように武四郎は記しているが、武四郎自身アイヌ語が解らないといっているから、アイヌの語りとはいっても通詞が語った以上のものではありえないことに注意が必要である。

また、武四郎が何の疑問を示すことなく、判官義経＝シヤマイクル、弁慶＝ウキクルミとルビを振って記しているのは、『三航蝦夷日誌』(『校訂蝦夷日誌』)を読む者の脳裡に刷り込みの効果を与えてしまう、という点も見逃せない。それにとどまらず、新井白石著『蝦夷志』や、淡斎如水(蛯子吉蔵)著『松前方言考』の記載を引用して、オキクルミすなわち義経などとする言説が古文献(といっても近世中期以降のものであるが)によって裏付けられ信用できるかのような紹介となっている。『蝦夷志』は知識人の間に義経＝オキクルミ説を広めてしまった主要な書物の一つである。そこには、「夷俗」は飲食に及ぶときオキクルミを祝い、これを問えば「判官」なりといい、「夷中」では「廷尉」(源廷尉義経)と呼んでいる者であること、東部にはその砦があること、西部の地名にも弁慶岬があること、満洲に漂流した者たちが帰国して語るに「廷尉」がここを去って北海を越え、「奴児干部」の門戸の神は廷尉の像を画いたものに似ているという、などと記されていた(上三〇六〜三〇七頁、一編三五一〜三五二頁)。

いっぽう、『松前方言考』は、言い伝えとして、源九郎、武蔵坊が奥州よりこの地へ渡り、今、東蝦夷地のサルに神として祭られ、義経をウキクルミ、弁慶をシャマイクルといっているが、「夷言」に「ウキクルミ」は「他方より来る大将」、「シャマイク(ル脱)」は「無髪の人」といっていることから考えれば、あえて「弁慶と義経の事とも定めがたかるべし」と、結びつけることに否定的である(上三〇七頁、一編三五二頁)。西蝦夷地のシマコマキ～スッツの部分にも、同じ箇所と思われる引用がみられる(上五九一～五九二頁、二編二一一頁)。武四郎は『松前方言考』のウキクルミ・シャマイクルを義経・弁慶とすることへの疑問を受けとめたというよりは、そうした言い伝えがあると記されていることの方に重きを置いて挙例していたように思われる。

さらに、『続太平記』にみえる奥州で乱を起こした小山悪四郎隆政が鎌倉の執事上杉氏憲の討手による囲いを逃れ津軽に奔り蝦夷に至ったという話や、『旧記』にみえる会津の城主葦名三郎左衛門尉盛久が、奥州の管領足利氏満の長男佐兵衛督満兼の弟満貞(篠川殿)に命じられた伊達兵部少輔氏家に攻められ、一族とも津軽へ落ち行き蝦夷へ渡ったという話を引き、内地の戦に敗れて蝦夷松前に渡った人が多いと述べている(上三〇七～三〇八頁、一編三五二頁)。『続太平記』も『旧記』もその記述は確かな史実とはいいがたいものであるが、武四郎はそれを傍証としてあげているのは、義経・弁慶らもまた蝦夷が島へ渡海したとしてもおかしくないと捉えたいがためであろう。

「蝦夷」の名義や歴史について考証した箇所でも、小山悪四郎隆政や葦名三郎左衛門尉盛久に加えて、嘉吉年中（一四四一～一四四四）に下国安藤太が渡ってきてヤキナイ（矢不来）に居城を構えたこと、それに続いて四国の河野一族が東部箱館に居城したこと、相原周防守が東部シリウチ辺に居城したこと、そして享徳三年（一四五四）武田信広が南部蠣崎村より西地ヲクシリに渡り、それより天河に居城し、東部の下国氏を下して今の松前に居住したことをあげている。源廷尉がこの地（蝦夷）へ渡ったことを示す「証」がなく、また領したこともないと一応述べながらも、それらの内地から渡ってきた武将らの先駆けに義経を位置づけたいという気持ちが表れている（上四七一～四七二頁、一編五二〇～五二二頁）。なお、武四郎は小山隆政のことについては「伊勢貞丈の雑記」にもみえたように覚えると記している。伊勢貞丈が『安斎随筆』などで隆政の蝦夷渡海を記していたのは間違いないが、義経蝦夷渡り説を強く否定していた人物である。武四郎はそうした主張を知らないはずはなかったと思われるが、その点にはまったく触れることがないのも、武四郎の義経蝦夷渡り説への親和的な態度が窺われる。

他に、武四郎が引用した文献としては、クシヤルヲチ（クナシリ島のうち）の奇岩についての『近藤守重日記』、『おくのミちくさ集』（下三三一～三三三頁、三編九三～九四頁）、エトロツフ（エトロフ島のうち）の巨岩についての『木村子虚日記』がある（下三八〇頁、三編一四一頁）。文献引用がもたらす裏付け効果、別な言い方をすれば権威化作用をみなければならない。

2 『蝦夷葉那誌』

『三航蝦夷日誌』(『校訂蝦夷日誌』)は今では活字本となって広く利用されているが、水戸藩主徳川斉昭や幕府に献上され、蝦夷地についてよく知る有為な人材として武四郎が注目されていくものの、長らく刊行されることはなかった。その点では流布して読まれたとはいいがたいが、『三航蝦夷日誌』(『校訂蝦夷日誌』)に書名があげられていた『蝦夷婆南志』のほうは、正しくは『蝦夷葉那誌』の書名で版行された(『評伝松浦武四郎』に「附録」として所収)。解題した吉田武三は、嘉永三年(一八五〇)の著で、後に文華堂から版行されたとし、刊行年は明らかではない。別本に『蝦夷婆奈誌』と題した二巻本があるが(『松浦武四郎選集』一所収)、これには「蝦夷浄瑠璃」のことはみえない。『三航蝦夷日誌』(『校訂蝦夷日誌』)では義経蝦夷渡り説への傾斜がみられるものの、それを実説としてまだ断定的には述べていなかった。しかし、『蝦夷葉那誌』ではより明瞭に義経蝦夷渡り説への肯定的な態度をはっきりさせている。

その「ウキクルミ・ミ《(シ)》ヤマイクルの事」とある箇所を要約すると、およそ以下のようなことが述べられている。九郎源判官義経朝臣がこの地(蝦夷)へ渡ったことも、正史に残っていないことをもって、桃太郎の鬼が島の話と同様のようにいう人がいるけれども、つくづく考えてみると、源廷尉の「神機才略斗胆」はならびなきことで、「逆櫓《さかろ》の論・一の谷の英略」を知れば疑う必要はない。高館を落ち延び、主従わずか十余人で奥の津軽の三馬屋より津軽津（今の松前湊）へ渡り、それより東部サルの辺にさまよい、アツマという川筋の夷人ニヘコクの家に滞留し、その地の「酋長」らと語らって再び西地へ越し、今の江差の辺、熊石より大田山辺を経て、シツツ（スッツ）、ヲタスツ、石カリより北蝦夷へ渡っていったと思われる。「言葉の国」のならわしとして「土人」は朝夕、義経朝臣の「神機才略」を尊び、あれこれの事績を言い伝えている。「蝦夷浄瑠璃」にもその大略が表され、酒宴の後はかならず謡う。地名や人名の相違などみられるものの、「探鑿」してみれば源廷尉がこの地に渡ってきたというのは疑いもなきことである。

「土人」の言い伝えの一、二をここに記す。奥州津軽領の三馬屋の海岸に一つの奇石がある。この先の村々は「蝦夷人」が住み、奇岩怪岩が連なって馬蹄も人足も立ちがたき処であったので、義経が自ら乗る馬と亀井六郎・伊勢三郎の馬をこの岩穴に繋いで出立した。山に登って蝦夷地を見やり、首にかけた十一面観世音薩陀（埵）の像を古松の枝にかけて、主従の行末を祈った（龍燈の松）。これより藤島村、算用石村、釜の沢村へ到ったが、険阻の苦辛に耐えられなかったのか、甲《かぶと》を脱いで海岸に投げ捨てた（甲石）。元宇鉄村、上宇鉄へ出て竜飛の岬へ到り、ここで鎧を脱いで海岸に投げ捨てた（鎧石）。大岩の上にあがり帯を解いて（帯解石）、泳ぎ渡ろうとしたとき、奇岩につないでおいた馬が龍馬《りゅうめ》と化して飛んで来て、主従の人を乗せ向方《あなた》の島根をさして飛び去っていった。

松前城下の呵吽《あうん》（阿吽）寺は海渡山と号する。義経朝臣が渡海の時清らかな土地を見定めて建立した。また自らの像を刻んで上にある山に納め置いたが、形像が似ていることから将軍地蔵の像になってしまった。今の地蔵山である。東部サルの内、アツマの「酋長」の家には、現に滞留したさいのことが申し伝えられている。江差の鷗島には「六韜《りくとう》三略の巻」を隠したという岩窟が残る。龍馬の蹄石もある。西地シマコマヲ《（キ）》よりスッツの間には弁慶の栗畑、岩内のライテン岬には弁慶の太刀かけ石、カラフトの白主には義経朝臣の城跡など、「夷人」の「口碑」に残されている。今は義経朝臣を「ギグルミ」または「判官さま」ともいい、弁慶を「シヤマイクル」といい、朝夕尊敬《そんきよう》して怠ることはない。一盃の酒を呑むにも、飲箸で酒を神に手向けるが、何の神へ手向けるのか尋ねると、「一滴は造島《ユルリイモシリ》の神、二滴目は判官さま、三滴目は大江戸の神さま」と答えたのは殊勝なことである（三七一～三七三頁）。

やや長い紹介となったが、武四郎はこのように、「土人」（この段階では、土地の人の意で、アイヌ、和人の区別なく使用）の言い伝えを根拠に、その成り立ちを吟味することなくそのものとして受け入れ、義経の蝦夷渡りを事実であるかのように説いていたのは明白である。さまざまな「口碑」をつなげて、ひとつのストーリーがここに作られているといってもよい。その点で武四郎もまた義経蝦夷渡り説の流布、俗流化に一役買っていたと評価せざるをえない。

義経・弁慶がアイヌ自身の語りであるのかは節を改めて検討しよう。三厩・竜飛の渡海伝説のほうは、稿本『東奥沿海日誌』(『松浦武四郎紀行集』上所収)がもとになっている。武四郎は弘化二年(一八四五)に初めて松前へ渡海したが、その前年、北海岸を探ろうと「東奥」(津軽・南部)の沿岸を巡り、その見聞を中心に嘉永三年(一八五〇)にまとめたのがこの日誌で、『蝦夷日誌』(『三航蝦夷日誌』『校訂蝦夷日誌』)の附録のつもりという。ここには「帯解島」(上二三六頁)、「ヨロイシマ」(上二三七頁)、釜の沢の「竈石」(上二三九頁)、「兜岩」(上二三九~二四〇頁)、「三馬屋岩」(上二四〇頁)にまつわる「俗説」が記載されているが、それぞれの言い伝えとしての紹介であって、『蝦夷葉那誌』のようにそれらをつなげた物語とはなっていなかった。別稿で述べたように三厩の義経物語は一八世紀後期、とくに寛政期頃に縁起が整えられ発展したが、(3)武四郎のあげる「俗説」もそうした流れのなかで語られ、定着していったのであろう。渡った先とされる松前側の義経伝説もそれに呼応するかたちで生み出されていったのであろうと推察するが、ここでは踏み込む用意はない。

3 『東蝦夷日誌』『西蝦夷日誌』

『蝦夷葉那誌』の記述は、『東奥沿海日誌』や『三航蝦夷日誌』(『校訂蝦夷日誌』)をもとにして武四郎自身の義経蝦夷渡りについての明確な考えを刊行本として一般向けに語ったことになる。武四郎の安政期(一八五四〜一八六〇)における各年の踏査記録(稿本)である『竹四郎廻浦日記』(安政三年〈一八五六〉)、『丁巳東西蝦夷山川地理取調日誌』(安政四年)、『戊午東西蝦夷山川地理取調日誌』(安政五年)にも、義経(判官)・弁慶の「故事」「旧跡」を拾い上げて記載している。しかし、そこでは武四郎の見解が述べられているわけではなく、関係文献の引用もみられない。『三航蝦夷日誌』(『校訂蝦夷日誌』)とは違って、踏査の見聞記録に徹しているように思われる。

ところが、そのダイジェスト版である『東蝦夷日誌』八編・『西蝦夷日誌』六編(文久三年〈一八六三〉〜明治一一年〈一八七八〉版行、『新版蝦夷日誌』上・下所収)においては、かなり義経伝説に執心して読み手に説いている。その点では単なる簡約本ではなく、読者を相手にした戦略が独自に働いている本とみなければならない。

まず、『東蝦夷日誌』初編凡例に、土地の産物・地名の「訳《わけ》」(由来、意味)はその地の古老にただした、その内には所々に「太古神の教え」や「源廷尉《ヲキクルミ》の事跡」によってなづけるなど、一笑に付すべきこともあるが、それを捨てずに誌したとする（上六頁）。また、ユウブッ・サル場所を扱った参編凡例では、義経公《ウキクルミ》の事跡は夷地の処々にあるが、それを祭る社が当所（サル）にあるので、すべての「土人」は当所の者を尊敬していると述べる（上一〇五頁）。そして、四編凡例に、三編より四編には源廷尉の古跡を誌した所が多いが、これは土人の言い伝えが多いからである、公の蝦夷行を「赤本《あかほん》物」のようにいう人がいるが、それは「閫門《いんもん》外を知らざる人」の論で、「夏虫氷を知らず」のたぐいで怪しむ必要などないのだと、義経の蝦夷渡りを全面的に肯定してみせる。『三航蝦夷日誌』と同様、文治の後、小山・葦名・武田・安倍・河野・村上・相原など、蝦夷に渡海した者は枚挙に遑がないことを証拠としてあげている（上一五〇頁）。

『西蝦夷日誌』弐編の寿津領で弁慶岬など紹介した箇所では、『地名解』（弁慶岬の名義）、『蝦夷奇観』（義経卿《ヲキクルミ》、弁慶坊《シヤマイグル》の事）、『続太平記』（小山隆政）、『伊達旧臣伝記』（葦名盛久）、『松前旧事記』（安東太盛季、武田信広および家臣佐々木繁綱・工藤祐長）、『新安手箇』（源廷尉居跡、ハイグル、朝鮮絶影島の朝比奈義秀の廟、高館の義経自殺確かならず、建夷奴兒部辺の人家の門に義経・弁慶の像を張るという建州に流された越前新保の船頭の話）、『桂林漫録』（森助右衛門著述『国学忘貝』にいう、清の『図書集成』のうち「図書勘輯」の清帝自序に源義経之裔とあり）、『柳葊雑記（筆）』（シーボルト説、元の太祖は日本人、元は源氏の源を憚り元と改める、義経は蝦夷を遁れ満洲より蒙古に入る)、といった文献を引いて紹介している(下五九〜六七頁)。

武四郎は新保の船頭の話など「空」(根拠のないこと)であるとは決めつけられないとし、建州は唐太(樺太)にはなはだ近く、唐太では卿(義経)を尊信し、白主《シラヌシ》のグイの土壘は卿自ら築いたとも伝え、義経がこの地に渡海したのだろうと思われると述べる。武四郎の推測は蝦夷島から唐太、さらには満洲へと歯止めなく広がり、近き譬として兀良哈《ヲランカイ》に入った清正公(加藤清正)のはかりしれない「苦辛」をあげている(下六七頁〜六八頁)。幕末日本の対外的危機意識の裏返しである国家主義的な膨脹意識の高まりのなかに武四郎その人自身もおり、義経蝦夷渡り伝説がそうした意識を助長するのに機能していたといえるであろう。

三　アイヌ自身が義経物語を語っていたのか

『三航蝦夷日誌』(『校訂蝦夷日誌』)に、前述のようにサルの「夷人」が話してくれた、判官義経が「酋長」の家の「虎の巻」を奪って逃げたという、『御曹子島渡』ようの物語が紹介されていた(上三〇六頁、一編三五〇頁)。サル場所での同様の物語は、蝦夷地踏査中の安政四年の除夜に起筆された『近世蝦夷人物誌』(稿本、安政五年〈一八五八〉、『松浦武四郎紀行集』下所収)の「豪雄[八]ハフラ乙名」の箇所にも取り上げられている。

それによれば、サル場所のピラトリ村に義経大明神の社がある。峨々たる数十丈の岩壁の上に一小祠があり風景がよい。今はその神体を浜の運上屋の上に持ってきて祭っている。その由縁を聞くと、往昔源九郎義経殿が来てピラトリ村の酋長某の家に一宿した。夜伽に娘某を召してわりなき（ねんごろな）仲となった。この家に伝わる「虎の巻」を盗もうとしたが、その乙名も相当な者で心をゆるさなかった。娘に一子ができても、その宝の有処を教えなかった。あるとき、廷尉がその子を抱いて炉辺に坐し、盲の真似をして子供を誤って火の中に落とすと、乙名は盲になったのは実事と思って一巻をゆるし与へた。この書を見るや、雲を起し雨を降らすなどの術を得て浜辺へ出て、小船を盗みそれに乗って逃げた。乙名は大に驚き追い掛けたが、義経はついに満洲という国へ去ってしまった。炉中へ落した子は死んだが、そのとき母の懐に忘れかたみを残し、これが出生してこの家のあとが続き、今に連綿たると申し伝えている（下二一六頁）。前述の『三航蝦夷日誌』（『校訂蝦夷日誌』）の物語も、この物語も義経は満洲のほうへ逃げたとし、御伽草子『御曹子島渡』が本州に戻って平家を打ち滅ぼしたというのと大きく食い違っているが、武四郎も義経の満洲入り説に引き寄せられていたから、満洲へ逃げたと書くことにためらいはなかったのであろう。

義経が「虎の巻」を奪った家は、今はピラカに移住し、サル場所の惣乙名を勤め、源廷尉の所縁があるということで、惣場所中のアイヌの人々より尊崇されているのだという。そしてバフラ家の系図を掲載し、「祖先」の次に「クンラクシ、妻　神のよし」と記したあと、代々の夫妻の名前をあげている（下二二七～二二九頁）。

同様の系図は『東蝦夷日誌』にも載せられ、ビラカ村の乙名バフラは「蝦夷第一の旧家」であるとし、右の「祖先」の箇所が「降神」となっている（上一四〇頁）。この『東蝦夷日記』には、家筋のことを聞くに、何一つ筆記がないにもかかわらず、「鑿々」として答えるのに感じ入り、家の系図を語るままに書きとめたのだという。

この系図にみえる「祖先」ないし「降神」が義経だというのであろうか。武四郎は右の義経物語について、「義経大明神の社」の「由縁を聞ば」とだけあって、誰が答えて語ったのかは明らかにしていない。バフラが自ら語ったのであれば、武四郎は勇んでそのように書いたに違いないから、サル会所に詰める通詞などの和人から聞いたとみるべきであろう。『東蝦夷日記』の本編ともいうべき『戊午東西蝦夷山川地理取調日誌』には、武四郎がヒラカ村のバフラの家を訪ねたさいの、その家族構成や「降神」にはじまる家系図が記載されているが、義経物語は何も記されていない（中六四三頁）。

これらの日記・日誌のサル場所の記述は武四郎のフィールドノート『手控　午第拾壱番手記』（『松浦武四郎選集』五）に基づいており、そこにはサル場所の「バフラ申口」が記録されていた。しかし、そこに語られていたのは、詳しくは省略するが、国造りの創世神話であり、うつろ舟に乗って流れついた京都からの「官女」と犬との間に子供が生まれたという犬祖物語であった（四八三～四八四頁）。この物語が和人社会で機能したアイヌの人々に対する差別の助長についてはすでに論じられているが、[4] 武四郎もその著書でたびたび紹介し、その流布者の一人となっていた。それはともかく、バフラ自身は義経物語については何も語っておらず、『三航蝦夷日誌』（『校訂蝦夷日誌』）での紹介を『近世蝦夷人物誌』の「豪雄　ハフラ乙名」の箇所に置き、源廷尉の縁者であるかのように描いてしまっているのは武四郎の作為といわざるをえない。

　武四郎は『近世蝦夷人物誌』にもう一人、東部クスリ場所の脇乙名メンカクシについて源廷尉との関係を書き載せている（「酋長メンカクシ」の項）。この家は東西の蝦夷地でよく知られた家柄で、往昔、源廷尉がこの家に身を寄せたとして、廷尉の鎧通しを一子相伝し、黄金、白銀の器もたくさん貯え、子孫がいやましに盛えて近隣に威が蔓延している。その「太祖」の事を聞くと、何処からかわからないが一人の「男《メ》夷《コ》」が雲に乗って来てこの場所へ下り、自らヲニシトムシと称して、この辺りに住む女の子を妻とし、城郭を築き近隣の「土人」をしたがえた。二人の間に男子の兄弟が生まれ、それぞれ城を構え、この辺りからニシベツ辺まで従えた。これに子《ネ》モロ、アバシリ、シヤリ、トコロ、トカチの「土人」が申し合わせ、何処からともなくきて城柵を構え酋長と称するのは不当だとして攻めてきたが、ヲニシトウ《（ム）》シはチャシコシへ移ってこれを退け属させた。およそこのような先祖譚であった。源廷尉が身を寄せたとあるばかりで、雲に乗ってきた先祖が源廷尉というわけではない（下一二三〜一二四頁）。『戊午東西蝦夷山川地理取調日誌』は、メンカクシの系図も載せ、初代のヲニシトムシは雲に乗って下り、この処の「土人」の女の子を妻としてここに住んだとしている（上五一八〜五一九頁）。ここには義経の記述はみられない。

　ところで、安政年間（一八五四〜一八六〇）、東蝦夷地アッケシに御雇医師として派遣された大内余庵が書いた『東蝦夷夜話』（文久元年〈一八六一〉版）のなかに、クスリの会所元の乙名メンカクシのことが出てくる。幕府から「庄屋」の号を与えられ、名前を精一郎と改めたメンカクシは、クスリで数代連綿と続く「土人」で、自ら「源判官の子孫」だと語っていたというのである。ある時、アッケシ「知県」の北野氏が精一郎を招いて酒など与えて語り合ったさい、どのような証拠があって「判官の子孫」といっているのかそのいわれを詳しく聞かせてほしいと尋ねた。精一郎が答えるに、遠祖が一人の娘を判官に奉ったところ寵愛を受けて男子を産み、その正統がこの精一郎である、文字がなく書伝などないが、兄弟や妻にも見せることを許さない一子相伝の秘物として判官より伝わった一振りの短刀がある、男アカンの山は判官殿の神霊が住むところで、そこに判官殿の宝蔵跡がある、などというのであった。余庵は、源判官がはじめて蝦夷地へ渡ったのはサル領の内ヒラトリコタンのハ

イノサウシで、その後地所をさだめず東西の各地にいたが、クスリ領には男アカンの遺跡に降りたのであろうとしている。(5)

こうした余庵の記述からすると、『近世蝦夷人物誌』にいう雲に乗って下ってきたメンカクシ(精一郎)の先祖は源廷尉であると、メンカクシ自らが幕府役人に語っていたことになるが、武四郎はそのことには入り込んで言及していないのはどのような訳柄があったからだろうか。

メンカクシの語る判官は、アイヌの始祖として天界から降臨し、人間の文化の基礎を築いた人文神(アイヌラックル、オキクルミ)に重ねられているものであって、武四郎がバフラについて述べた『御曹子島渡』ようの物語とは出自が明らかに違っている。メンカクシの場合、源判官の子孫と自ら語っているものの、天界から降りた神を場所の和人たちが義経であると付会して呼ぶものだから、和人の言辞に合わせて判官だと語っているにすぎないとみるべきだろう。源判官がどのような者であるか知らなくても、アイヌの始祖や人文神を判官とさえいっておけば、義経蝦夷渡り伝説を信じている和人を満足させる効果をもったのである。

『三航蝦夷日誌』(『校訂蝦夷日誌』)が記す、サルのアイヌが『御曹子島渡』ようの「虎の巻」奪取物語を語ってくれたというのは本当だろうか、という疑問がわく。和人の蝦夷通詞を通してそうした物語がアイヌの人々に伝えられ、それを知っていたとしても、「蝦夷浄瑠璃」のなかに取り入れ自ら語ることがあったのだろうかと言い換えてもよい。武四郎は、白主会所で、蝦夷に浄瑠璃というものがあり、源廷尉の事歴を綴った物語であると聞かされるが、少しばかり聞いて一向に解し得ないので途中で止めさせたことがあった（下二五〇頁、二編四七四頁）。武四郎はアイヌの物語を聞きわけられないのであったから、サルのアイヌが語ったといってもそれを確かめられたわけではない。したがって、場所で働く和人たちが好んだ物語という以上のものではなく、バフラが義経物語を語っていないのはそのような事情があったからであろう。

さて、松浦武四郎が見聞して蝦夷日誌類に書きとめた松前・蝦夷地における義経（判官）・弁慶の事跡や物語は別表としてリストアップしておいた。これにより幕末期の蝦夷地のなかで語られていた義経伝説がどのようなものであったのかある程度知ることができる。ハヨヒラのあるサル場所や、弁慶岬のある積丹半島、さらには道東からオホーツク沿岸地域のものなど拾われており、それがさらに広まっていく展開途上にあることを窺わせる。ここではその一つひとつの成り立ちについて検討する余裕はないが、蝦夷地の義経伝説のパターン、傾向性についてはすでに金田一京助が「義経入夷伝説考」（大正三年〈一九一四〉初出）という論文のなかで論じ、四つの要素でほぼ説明できるとしている。

紹介しておくと、①「地名に対する邦人の民俗語源《フォルクスエチモロギー》の要素」、②「蝦夷本来の神話のヒーローに偶然少しく義経や弁慶を連想させるような条々があるので、それをむかえて考えて早く義経と誤断した要素」、③「我が古伝説の「御曹子島わたり」の内容が所柄比較的早く邦人によってこの地へ輸入され、寛文以前すでに蝦夷の内へその梗概が知られていたものの痕跡の要素」、④「前代の日本人の手に成るものを、軽率にもアイヌのものと誤断した結果の要素」(例えば、神社があると唱える類)の四つである。(6) 簡単にいえば、アイヌ語地名へのこじつけ、アイヌの神々の事跡への重ね合わせ、御伽草子『御曹子島渡』の影響、和人が持ち込んでしまったもの、ということになろうか。武四郎が聞き書きした義経伝説もおよそこの四つの要素のどれかにあてはまるかと思うが、近世の日本社会における一七世紀末期以降の義経蝦夷渡り伝説(不死伝説)の生成・発展に伴って創り出され、語られてきたものであることはいうまでもない。金田一による義経蝦夷渡り伝説の批判は今日でもその学問的な原点として生命力を失っていないのである。

四　義経伝説にみる武四郎の立ち位置

判官義経がアイヌの人々に崇め祭られているかのような言説が語られ広まっていくな

かで、それは和人の付会にすぎないことは、たとえば最上徳内などが気づいていたことであった。『渡島筆記』（文化五年〈一八〇八〉）は徳内のアイヌ文化理解の達成といえるものであるが、そこには次のように指摘されている。

いにしえウキクルミ、シヤマユクルという兄弟がいた。二人は「軽捷にして高所より飛などする術を得、巧智ありて網を結（び）魚を捕（ふる）こと」をはじめ、種々の利器を作って人々に教えてくれた。アイヌの人々が神として祭るのは「心の上」のことであって、イナオを作って捧げ崇敬するわざはあっても、祠をつくり、形代を置くなどということは存在しない。ウキクルミを義経、シヤマユクルを弁慶、あるいはその逆にも言っているが、これを「夷人」がどのように伝えているのか訝しい。テシオの番屋にいる喜右衛門は「夷語」をよく知っていたので、トママへの長イソマルケに聞きただしてもらうと、シヤモがウキクルミを義経サマ、シヤマユクルを弁慶サマなどとよくいうが、我が古老に聞いた所とは異なる、聞いているのは二人は兄弟で、この島に生れた人で（日本などから来た者ではないこと）、また二名は一人にして、所により呼び方が変わるのだとも伝え、終には北の方の海を渡ってシヤモの国に入った、と答えてくれた。これから察すれば、源予州に引きつけがたいようすがあり、ウキクルミを義経とする説は「和人の付会に出で、ゑぞの旧来の伝にあらざる」というのが、徳内の結論であった。[7] オキクルミについてアイヌの人たちに生活のための技術や知恵を教えてくれた人文神としての性格を理解し、義経大明神社のようなものは本来存在しないということを明確に認識し、義経伝説・物語は和人のこじつけにすぎないものだと見抜いていた。

しかし、松浦武四郎にあっては、アイヌの人々が義経を実際のところどのように受けとめているのか、その精神世界に分け入って理解しようという態度はみられない。それどころか、『戊午東西蝦夷山川地理取調日誌』に書かれていることだが、「東部美登之誌《みとし》」に、三石川の川口へ下り、一つの黒水晶の箭石を拾ったさい、「土人」に尋ねると、今始めて見たといったので、これは判官様が合戦をしたときの矢根なので、以来これを拾って大切にしておけと申しつけたという（下五三三頁）。武四郎自身が、義経をアイヌの精神世界に注入しようとする加担者の一人であったといっても過言ではなかろう。

前述のように、義経の蝦夷渡りを桃太郎の鬼が島の話のようなものだと突き放す人々も少なくないなかで、武四郎はどうして義経伝説の鼓吹者になったのであろうか。場所請負制下の一人ひとりのアイヌの困難や呻吟に寄り添うすがたからみれば、桃太郎話のような義経伝説への無批判な態度はやや不思議に思われるが、武四郎が蝦夷地へのめりこんでいった問題関心からすれば義経伝説はアイヌの人々の帰属意識のうえで果たす有用な物語であると考えられたのであろう。

武四郎が踏査して蝦夷日誌の類を編もうとしたのは、『三航蝦夷日誌』(『校訂蝦夷日誌』)の凡例に記していたように、同志の輩に当時の形勢をよく知らしめるとともに、「寛政度のおほん難有恵」すなわち幕府による蝦夷地直轄に立ち帰り、「荒陬万里之外迄も休明の余沢」、すなわち蝦夷地のアイヌの人たちにも君徳の恵みを浴させようというところにあった(上三五頁、一編八四頁)。幕府による直接の蝦夷地統治に期待し、その実現に協力していこうというのが武四郎の基本的なスタンスであり、松前藩や場所請負人の弊害をアイヌの暮らしのなかから暴き出し、アイヌ自身の自発的な幕府への忠誠心を醸成していくのが草莽としての自分の役割だと考えていた(8)。

このような政治的な立ち位置にあることを考えるならば、武四郎が『蝦夷葉那誌』で、アイヌの人々が、今は義経朝臣を「ギグルミ」または「判官さま」ともいい、弁慶を「シヤマイクル」といい、朝夕尊敬して怠ることはない、一盃の酒を呑むにも、飲箸で酒を神に手向け、何の神へ手向けるのか尋ねると、「一滴は造島の神、二滴目は判官さま、三滴目は大江戸の神さま」と答えた、これは殊勝なことである、と書いていた真意が読み解ける。アイヌがそのような序列で神々を位置づけていたかは大いに疑わしいが、義経を媒介として創造神と江戸の将軍とがつながり、将軍への服従が期待されていることは明らかである。

さらに具体的にいえば、『御曹子島渡』ようの物語がなぜ「豪勇」バフラの先祖譚であるかのように『近世蝦夷人物誌』に記されたのかという点である。バフラが武四郎によって「豪勇」と評価されたのは、安政の蝦夷地「公料」化によって、幕府役人がロシアなど対外的な危機を背景にアイヌの人々の髪形を日本流に強制的に改めさせようとしたとき、これに怒って反駁し中止させたという「威気」によってであった。バフラの論法は、髪様を改めさせるならかえって「御国の民」となることを嫌がり外国に降参し水先を勤める者もいるかもしれない、それよりアイヌの立ち行くようにすることが大切である、のみならずこれまでも自分たちは「日本の国民」と思っていたのに急に「日本風」になれというのもおかしいことだ、そうならばいままで「日本の国民」ではなかったのか、というものであった。こうして一二〇〇人余のアイヌが「皇国已来之風俗」を改めなくて済んだという（『松浦武四郎紀行集』下二一九～二二五頁）。バフラがこのような意識を持っていたかはともかく、武四郎が期待するアイヌの「日本の国民」意識がここに語られていたことだけは確かで、それを補強するかのようにバフラの記述の冒頭に義経物語を持ってきて、バフラの「日本の国民」意識の必然性をひろく日本人に知らしめる効果をねらった叙述となっている。

『東蝦夷日誌』弐編の首言に、近世梓行された書には「無稽《ブケイ》の譚《モノガタリ》」が多く、「猿蟹合戦《サルカニカッセン》御伽話」のような書にも劣り、奇を説こうとしてこの地（蝦夷）を「異邦」のように書いている、その害は少なくない、自分は「有の儘、聞のまゝ、文を飾らず、簡と実を主」として誌したと、武四郎は記している（『新版蝦夷日誌』上六一頁）。前述のように桃太郎話のようなものとして義経の蝦夷渡りをみなすもうひとつの世論があったなかで、いわば猿蟹合戦のような義経物語に武四郎が親和的態度を示し史実であるかのように執心することになったのは、義経を引き合いにして蝦夷は異邦ではなく日本の中という、近世後期・幕末期の対外的な緊張に促された蝦夷地内国意識と深く関わっていたといえよう。さらに、武四郎が義経の北高麗や満洲への渡海説を文献引用のかたちで紹介しようとしたのも、すでに述べたように危機意識から膨脹主義への文脈のなかにおいてこそ理解できるのである。

注

（1）秋葉実翻刻・編『松浦武四郎選集』二（北海道出版企画センター、一九九七年）八〇〜八一頁。
（2）本稿で用いた松浦武四郎の著作の出典を挙げておくと、（1）の文献のほか、以下の通りである。
○吉田武三校註『三航蝦夷日誌』上・下、吉川弘文館、一九七〇〜一九七一年。秋葉実翻刻・編『校訂蝦夷日誌』一・二・三編、北海道出版企画センター、一九九九年。
○吉田武三『評伝松浦武四郎』松浦武四郎伝刊行会、一九六三年。
○秋葉実翻刻・編『松浦武四郎選集』一・五、北海道出版企画センター、一九九六年・二〇〇七年。
○吉田武三編『松浦武四郎紀行集』上・下、冨山房、一九七五年・一九七七年。
○高倉新一郎編『竹四郎廻浦日記』上・下、北海道出版企画センター、一九七八年。

○高倉新一郎校訂・秋葉実解読『丁巳東西蝦夷山川地理取調日誌』上・下、北海道出版企画センター、一九八二年。
○高倉新一郎校訂・秋葉実解読『戊午東西蝦夷山川地理取調日誌』上・中・下、北海道出版企画センター、一九八五年。
○吉田常吉編『新版蝦夷日誌』上・下（『東蝦夷日誌』八編、『西蝦夷日誌』六編）時事通信社、一九八四年（一九六二年初版）
これらの文献からの引用ないし利用にあたっては、出典をいちいち注記せず、該当頁を本文中に必要に応じて括弧書きすることとする。

（3）拙稿「義経蝦夷渡り伝説の地方的展開――三厩の観世音縁起をめぐって――」『宮城学院女子大学キリスト教文化研究所研究年報』四二、二〇〇九年〈本書第三章〉。
（4）佐々木利和「犬は先祖なりや――アイヌの創世説話と和夷同祖論――」『北からの日本史』2、三省堂、一九九〇年。
（5）大友喜作編『北門叢書』五、四二七～四二九頁、国書刊行会、一九七二年。
（6）『金田一京助全集』第一二巻〈アイヌ文化・民俗学〉五四二～五四三頁、三省堂、一九九三年。
（7）『日本庶民生活史料集成』四、五二三～五二四頁、三一書房、一九六九年。
（8）拙稿「固有文化と馴致する権力――アイヌ」『岩波講座天皇と王権を考える』七（ジェンダーと差別）、岩波書店、二〇〇二年。その後、拙著『アイヌと松前の政治文化論――境界と民族』（校倉書房、二〇一三年）再録。

付表　松浦武四郎が記述した松前・蝦夷地の義経伝説一覧

A吉田武三校註『三航蝦夷日誌』上・下、吉川弘文館、一九七〇～一九七一年

1 松前城下・地蔵岳（地蔵山）。義経が馬で渡ってきた尊像を安置したと、ある人がいうので、開扉して見ると、馬上甲冑の威厳たる像はあったものの、それは義経ではなく勝軍地蔵であった。（上四四頁～四五頁）

2 松前城下・阿吽寺。この寺に義経の縁起がある。（上六五頁）

3 サル川の川上およそ二里ばかりのアヨヒラに判官殿の古跡あり。岩屈（窟）か。その「夷人」がいうには、判官義経殿《シャマイクル》が弁慶殿《ウキクルミ》を連れて蝦夷島に来り、この処の「酋長」の家にある「虎の巻」という「軍の秘書」を得ようと聟に入った。夷人（酋長）は軍書を判官へ伝えることを惜しみ、そのありかを教えなかった。判官に一人の男子が生まれて夫婦仲むつまじく暮らしても、判官が偽って盲となっても疑ってありかを教えてくれなかった。ある時、炉辺に三人ほど居並んで、判官が抱いている子を過って火中に落とし入れると、酋長は本当に盲になったのだと思い、ありかを教えた。判官は即刻、その一巻を奪って船に棹さして満洲をさして逃げ去っていった。酋長は

それを追ったが、判官はその秘書によって神通自在に雲霧を起して隠れ、逃げることができた、云々。(上三〇六頁)

4 江差・鷗島。蹄石は義経の駒の蹄跡という。巻物隠しの窟があり、土人は弁慶がここへ巻物を隠したといっている。(上五三〇頁)

5 大田山。岩窟に横木を渡して祠殿とし、本尊不動尊を祭る。世俗に、源九郎義経卿を祭るという。(上五七一頁)

6 スッツ。ホロヨイの上、三~四丁ばかりの平坦に畑の畝のかたちがあり、昔シヤマイクル、ウキクルミがここに来て粟を蒔いた跡であると伝える。今もこの畑を掘ると古い陶器の類が得られる。(上五九一頁)

7 弁ケイサキ。本名ヘンツケウサキ。一大岬で海中に突き出し、岩石が峨々とする。(上五九二頁)

8 クナシリ島。クシヤルヲチ、材木石のような奇岩怪石が立ち重なった一岬。夷人の申し伝えに、昔、義経様がこの処にヨロイを乾したところそのまま岩になったといい、はなはだこれを尊敬している。この柱石は判官様がこの島で岩(熊か)を飼った時の材木であるという。(下三三二頁)

9 クナシリ島。ニキシヨロ。この処岩岬の陰。この岩に穴三つあり、昔、義経・弁慶こ

10 の下を通ったと言い伝える。（下三三三頁）
エトロフ島。エトロッフという巨岩が一つ立つ。（「木村子虚日記」より、アツケシ太郎の話を引用。判官の従者がこの島で逝去し、それを夷人が慕って泣々し鼻を落したが、その鼻が化して島、あるいは砦になったという）（下三八〇頁）

B高倉新一郎編『竹四郎廻浦日記』上・下、北海道出版企画センター、一九七八年

1 （セタナイ～スッツ）ヌカモリ下。上には糠を取って（捨てて）山になった仏飯を盛ったような山があり、その傍に方十間ばかりの丸い弁慶の角力取場がある。またその傍に弁慶の粟畑というものもある。この下がヘンケイサキである。（上三三二頁）

2 （スッツ～岩内領ニヘシナイ）ヱトクウシシレバ。海中に突出したこの岩を弁慶の刀懸という。岩の形がよく似ている。（上三五四頁）

3 「土人」たちの申し伝えに、クスリ岬よりトカチの岬（ヒロウ也）へ義経様が浮橋を架ける。（下四五〇頁）

C高倉新一郎校訂・秋葉実解読『丁巳東西蝦夷山川地理取調日誌』上・下、北海道出版企画センター、一九八二年

1　（天之穂日誌）タイルシベ。人間は黄金山（コカ子山）といい、判官様の古跡と言い伝える。蝮蛇が多く、この蝮蛇は判官殿の甲冑が化したものと申し伝える。（上四三三頁）

2　（天之穂日誌）カムイッフシイ。判官様がこの処まで船で行き、船を陸上げし、これより山を越えマシケへ行くという。カムイは判官様をさしていう。（上四三九頁）

3　（天之穂日誌）カムヱヱト。神の岬、「土人」ら木幣を納める。昔、判官様がこの処へ山より下り、それによって名付ける。（上四四三頁）

D高倉新一郎校訂・秋葉実解読『戊午東西蝦夷山川地理取調日誌』上・中・下、北海道出版企画センター、一九八五年

1　（東部久須利誌）サマイクルブイ。湖中へ突き出した岩に一つの大岩窟あり、義経卿が作ったものという。（上四五〇頁）

2　（東部能都之也布日誌）キミセシユマ。本名はリミ、セシユマ。海岸の奇岩怪岩が群がり手を打って踊るように見えることから名付く。昔、判官様がここに来たとき、この辺の僕が皆悦んで踊ったという故事があり、この者らが直に岩に成ったと云い伝える。（上五四八頁）

3　（東部志辺都誌）ホンソロマ。源テクンヘヤウより落ち来る小川。昔、判官様がここで魚

を取って喰い、その余りをここに投げ捨てたことからいう。（上六二二頁）

4 （東部志辺都誌）ハウシベツ。川の両岸峨々たる高山、判官様が熊を捕えたのが山になったという。（上六三三頁）

5 （東部女奈之誌）シタホコルクシ。小川、昔、ここに人家あり、判官様が来たとき、その子供が犬を奉ったので名付けるという。（上六四八〜六四九頁）

6 （東部志礼登古誌）ヲシヨロマウ。小川あり、ヲシヨロコツともいう。昔、ここで源廷尉が岸に流れついた鯨を拾い、蓬の串に刺して焼いていたが、その蓬が焼けて折れたのに驚き尻餅をついたことから名付けるという。（中二六頁）

7 （西部志礼登古誌）カムイエバ。海中に突き出した岩に奇談あり。昔、弁慶の妹が山より下ったさい、この辺に住む大蝮蛇がそれを呑もうと追ってきたのを、弁慶がこの処で踏み潰し、その蝮が岩になったという。（中四五頁）

8 （西部志礼登古誌）キヤルマイ。本名ヒヤリマイ。岬に大穴があり、昔、弁慶が蝮蛇を踏み潰すとき、弁慶の妹がこの穴のなかより見ていたという。（中四六頁）

9 （西部志礼登古誌）ウイノホリ。峨々たる岩一つが聳え立ち、本名ヲフイ岳という。判官様の軍勢が寄せてきたのを知らせるために火をつけて焼いたという。（中四六頁）

10 （西部志礼登古誌）イマイベウシ。岬が三つになり峨々と聳え、そのうち中の岬は材木石

が畳々と重なる。その故事は、昔、この上で弁慶が魚を焼いて喰ったのでその名あり。（中四八頁）

11　（西部志礼登古誌）ホロナイ、マクヲイ。小川あり、昔、ここに判官様が幕を張ったので名付けるという。（中七〇頁）

12　（西部登古呂誌）ニトシシヨツハウシ。ミトシは樺で作った水汲桶。昔、判官様がこの桶をここに置き忘れたという名義。ショッパは捨て置く、ウシはあるという意味。（中一五七〜一五八頁）

13　（西部登古呂誌）ムイコツ子。少し低いという意味。昔、判官様がここの土を取り、キナチヤウシの下のチウラホイという処へ城を築いたので名付けるという。（中一八九頁）

14　（西部由宇辺都誌）チツフウエンチウシ。両岸は峨々たる絶壁、その間に大岩があり水勢が甚しい。「土人」の云い伝えに、昔、判官様が山で船を作って乗り下り、この処の大岩に打ち当り舟を破ったという。神々でもここは岩石が多く乗り難き処のよし。（中二六六〜二六七頁）

15　（西部由宇辺都誌）ウカルシヘタヌ。小川があり、少しの平地あり。往昔、判官様がここに居り、ウカリといって、背中を打つ戯れをして遊んだ処という。（中二六八頁）

16　（西部由宇辺都誌）チトカニウシ。この山は五葉松ばかりで、この辺第一の高山。昔、判

官様がここで弓を引いて腕力を試みたという。（中二六九頁）

17（西部古以登以誌）タトツカウシ。小川あり。往昔、判官様が矢筒を懸けて置いた処という。（中三六七頁）

18（西部古以登以誌）クワトエウシナイ。小沢あり。往昔、判官様がここに来て、杖を置いたという名義。（中三六八頁）

19（東部沙留誌）チフベシコロ。小川あり。判官様の舟を下した処という。恐らくはサルで初めて船を作り下げた処と思われる。（中六四七頁）

20（東部沙留誌）パンケヲツフ子ナイ・ペンケヲツフ子ナイ。二つとも小さな川。名義は、ここで弁慶が槍の柄を切ったという。ヲツフとは槍の事。（中六五〇頁）

21（東部沙留誌）義経大明神の社。三尺ばかりの小社、数十丈の懸崖の上に立つ。五十年前までは甲冑の尊像があり、今はそれを会所へ下げて祭る。ここは形ばかりの社。「土人」、これを義経様と名付け、ヒラトリ大明神ともいう。詳しくは別記にあり略す。（中六八一〜六八二頁）

22（東部沙留誌）ハンケチユツフ、ヘンケチユツフ。小川。昔、判官様が舟をここで作った跡という。チユツフは舟の事。（下三六〜三七頁）

23（東部沙留誌）ブトヲベナヲマナイ。小川。昔、倒れ木のない頃はここまで舟が行く。こ

こで判官様が舟をまかし（引っくり返し）、「土人」らに木幣を削らせて祈禱し上った処という。（下三七頁）

24 （東部沙留誌）ヘンケイソンヒシカラ。小川。昔、弁慶が常にここを歩行したという名義。（下五二頁）

25 （東部沙留誌）バンケブヨナイ・ベンケブヨナイ。二つの川。名義は、判官様が懸けた大きな岩の橋があり、その橋の下を潜って水が流れてくることから名付ける。フヨとは穴になっていることをいう。（下六七～六八頁）

26 （東部美登之誌）イマニ。右の山の岬に高さ十丈、囲り十余丈ほどの大きな岩あり。また、左の山の岬に高弐丈、囲り三～四丈ほどの岩あり。「土人」、これに神霊がありとして木幣を立てて祭る。昔、義経卿が大岩の串に鯨を刺してここで焼いていたとき二つに折れて、頭の方は川の西岸へ飛び、元の方は東岸に残り、このようにあるという。イマニは串の事。（下五二〇頁）

27 （東部志毘茶利志）チヌエヒラ村。広い川原。昔、ここに判官義経殿の巻物が有ったという。諸事書物の事をヌエといい、チは失なわれたという意味。（下五八八頁）

E 吉田常吉編『新版蝦夷日誌』上・下（『東蝦夷日誌』八編、『西蝦夷日誌』六編）時事通信社、

一九八四年　＊他に関連の日誌。『知床日誌』（文久三・一八六三年刊、吉田武三編『松浦武四郎紀行集』下、冨山房、一九七七年）、『渡島日記』（慶応元・一八六五年、秋葉実解読『武四郎蝦夷地紀行』北海道出版企画センター、一九八八年）

1　（沙流領）シノタイの名義、シノは至る、タイは山の事をいう。享和元年（一八〇一）までシノタイに義経社あり。これをセウリウシ（平場）に移し、また近年、会所元（サル）に移す。（上一二九頁）

2　（沙流領）サル会所。小山の中腹に義経社あり（丈一尺弐～三寸）。合殿弁天、傍に天満宮・蛭子社。（上一三〇頁）

3　（沙流領）ハヨ平。ここに一つの小社を安置し、毘羅取大明神の額を懸ける。八十年前は卿〔源義経〕の甲冑の像があったが、今は会所元にあり。公、高館を去りこの地に渡り、サル川の川筋に城郭を作り、時々ここに遊覧したという。その地形が高館に似ているのも奇である。（上一三八頁）

4　（沙流領）トミルベシベ。昔、義経公の大軍が越えたとする故事あり。（上一三九頁）

5　（沙流領）チヤシコツ。義経卿の城跡という。時々石砮（ヤノネイシ）を出す。（上一三九頁）

6　（十勝）アヨボシユマ。名義、判官様〔源義経〕が昔、射た箭が留ったので名付けるという。（上二七二～二七三頁）

7　（久摺）チヤロ。川、小舟渡し。名義、口という意。昔、義経卿が一人で一疋の鯨を喰ったというので名付けた。（上二九八頁）

8　（久摺）ヒッチイ（岩岬、石門）。名義、昔、判官様（源義経）が手頃の礫（ツブテ）を打つと、岩が破れて穴が明いたという。ヒは石、チエイは穴が明くという意。（上三一四頁）

9　（寿津領）ベニツケウ（弁慶岬）（大岬）。名義、背という義で、その形が獣の背に似ているので名付ける。また、弁慶が甲冑を曝した処といい、弁慶岬ともいう。また、マレイ岬ともいう。ここに弁慶の角力場というのがあり、幅十間余、土俵のように土を丸く積み上げている。これは恐らく土塁か。上に物見台という小山があり、義経卿がここから見たと言い伝える。また、弁慶の栗畑・糠が森といって、栗糠を捨てたという小山がある。武四郎、このあたりを歩き、土器の欠け三つ四つ拾う。古代の物で、内地の行基焼の類である。（下五九〜六〇頁）＊文献考証のなかで、白主のグイの土塁は卿が築いたとする説に触れる。（下六七頁）

10　（浜益毛）ハママシケ。本名はマシケイ。一説に、アマヽシユケといい、アマヽは殻物、シユケは炊くの義。昔、判官公（源義経）がここで飯を炊いたともいう。（下二二二頁）

11　（浜益毛）カムイヲブトイ（大岩）。土人の言い伝えに、昔、判官様（源義経）がここまで舟で来て、これより上り、山を越えて増毛に行くという。カムイは判官公をさし、チフ

は船、トイは上るという意。（下二二五頁）

12 （増毛）カムイチヤシ（岩壁）。神の城跡という意で、住古、判官様（源義経）が山越えしてここへ下ったという古跡。「土人」らが木幣を立てて祭る。（下二三二頁）

13 （『知床日誌』）ヲシヨロマウ。岩磯。往古、義経公がここで流れ寄った鯨を切って蓬の串に刺して焼いていた時、その串が折れて火の中に倒れ、公が驚いて尻餅を突いたという故事あり。（『松浦武四郎紀行集』下、四六九頁）

14 （『知床日誌』）カモイエバ。大岩。蝮蛇（トッコカモイ）の頭のように海にさしでた怪岩あり。一つの昔話あり。弁慶（シヤマイクル）の妹がここに住んでいた。大蛇が妹を呑もうと来たところを弁慶が踏み潰し、それが化して岩と成った。（『松浦武四郎紀行集』下、四七四～四七五頁）

15 （『知床日誌』）キヤルマイ。石門。弁慶の妹が大蛇に追われて逃げ来り、この穴から覗いていた処という。（『松浦武四郎紀行集』下、四七五頁）

16 （『知床日誌』）ヲフイ岳。また知床岳ともいう。義経（ウキクルミ）様がこの上で軍勢を集めたとき、烽火を立てたという。ヲフイは焼くの意。（『松浦武四郎紀行集』下、四七五頁）

17 （『知床日誌』）イマニツウシ、立岩。昔、義経が魚を串に刺して焼き、その残りを捨て置いたのが石に化したと言い伝える。（『松浦武四郎紀行集』下、四七五頁）

18 （『知床日誌』）トントルハウシ。平。昔、義経公が網を干して置いたという故事あり。
（『松浦武四郎紀行集』下、四七七頁）

19 （『知床日誌』）エシヨマヲマナイ。小滝。義経公が野宿した時に、席（キナ・ムシロ）を投げ捨てたという故事あり。（『松浦武四郎紀行集』下、四八二頁）

20 （『知床日誌』）チフシケヲロ。岩磯。ここで義経公の船が破れたというので名付ける。
（『松浦武四郎紀行集』下、四八二頁）

21 （『知床日誌』）ヲヘケフ。小川。ここで義経公の船へ垢（アカ、水）が多く入り沈むところを、ようやく汲み捨てて助かったという。（『松浦武四郎紀行集』下、四八二頁）

22 （『渡島日記』）江差・鷗島。義経が巻物を隠した石あり。蹄石は、義経が三馬屋から渡海するさい、繋いでいた馬が竜と化して、これに乗り上陸した処と、「土人」がいう。
（『武四郎蝦夷地紀行』一一四〜一一五頁）

あとがき

歴史学を学び出して、子供の頃に聞いた話も含め、奥南部の地には訝しい伝説が歴史の空白・不明を埋めてくれるようにいろいろあることに気づかされた。十和田湖の南祖坊伝説、北条時頼の廻国伝説、長慶天皇の陵墓なるもの、キリストの墓と称するもの、民謡ナニャドヤラのヘブライ語説、壺の碑であるという「日本中央の碑」、そして義経北行伝説、等々である。思えば、そうした伝説的郷土史の雰囲気があって歴史が身近になったといえるのかもしれない。

それらの伝説・語りのなかには戦前・戦中の国家主義的なナショナリズムに煽られて言い出されたものや、戦後になって「発見」されたものもある。しかも今日、それらは何かと古く謂れのありそうな語りとなって「史跡」あるいは「聖地」化し、今はやりの言葉でいえばパワースポットというのであろうか、観光の「資源」として立派に通用しているものもある。国策としての観光の振興がさらに助長しかねない現状といえよう。発信するほうの真意や意図はともかく、訪ねていくほうも、嘘あるいは不審に思う場合でさえ、過去の歴史への冒涜、侵犯などと殊更に言い立てることはまずなかろう。ある種の「了解」がそこに働いているのに違いない。

近世史研究の道に進んだので、近現代のことまで扱えなかったが、義経や田村麻呂、あるいは地誌や歌枕などに関心が向かったのは、史実と伝説の境界が気になり、郷土・地域の歴史を虚妄の伝説・物語から少しでも解き放ちたいと考えるようになったからである。現実的で実際的な人々(民衆)の日々の暮らしの歴史解明にもっと時間を注ぐべきかとためらわないでもなかったが、近世以来の地誌や郷土史というものがあって今の歴史研究が存在していることを知るなら、時間を割いても取り組む責務があるかと思った次第である。

ところで、義経蝦夷渡り伝説については大学での授業は別にして、研究の場以外で話したり、書いたりするといったことはなるだけ回避してきた。話題化することによって、かえって逆効果の恐れがあるからである。これからもそのつもりであるが、そのためにもこれまで考察・論証してきたことを一冊にまとめておく必要を感じた。人目にあまり触れないところに発表してきたので、本書によって私の批判的意図がひろく一般の読者の方々に伝わることになるならば本望である。まだ課題がいろいろ思い浮かぶが、いつもまでもこの伝説に付き合っていられないという加齢的なことも、本書刊行の理由となっている。

出版にあたっては、中央に対して地方から発信し、問いかけるにふさわしいテーマかと思われたので、前著『十八世紀末のアイヌ蜂起――クナシリ・メナシの戦い』に続いて、サッポロ堂書店店主石原誠氏と相談して刊行にこぎつけることができた。また、体裁・校正など一冊に仕上げていくにあたっては須田照生・小堀苦味男両氏に、また印刷にあたっては藤田印刷富澤雄太氏に御協力をいただいた。最後となったが、ここに厚く感謝を申し上げたい。

菊池勇夫

二〇一六年八月

著者略歴

菊池勇夫（きくち　いさお）

一九五〇年、青森県に生まれる。
一九八〇年、立教大学大学院文学研究科博士課程
　単位取得退学。
現在、宮城学院女子大学一般教育部教授。

義経伝説の近世的展開――その批判的検討

発　行……二〇一六年一〇月三一日　初版第一刷
著　者……菊池勇夫
発行人……石原　誠
発行所……サッポロ堂書店
〒〇六〇-〇八〇九
札幌市北区北九条西四丁目
TEL〇一一-七四六-二九四〇
FAX〇一一-七四六-二九四二
発売元……藤田印刷エクセレントブックス
装　幀……須田照生
印　刷……藤田印刷株式会社
ISBN978-4-915881-28-2　C3021

菊池勇夫著作一覧

『幕藩体制と蝦夷地』雄山閣出版、一九八四年
『北方史のなかの近世日本』校倉書房・歴史科学叢書、一九九一年
『アイヌ民族と日本人　東アジアのなかの蝦夷地』朝日選書、一九九四年
『飢饉の社会史』校倉書房、一九九四年
『近世の飢饉』吉川弘文館・日本歴史叢書、一九九七年
『エトロフ島　つくられた国境』吉川弘文館・歴史文化ライブラリー、一九九九年
『飢饉　飢えと食の日本史』集英社新書、二〇〇〇年
『飢饉から読む近世社会』校倉書房、二〇〇三年
『菅江真澄』吉川弘文館・人物叢書、二〇〇七年
『安藤昌益と飢饉　天災は人災なり』安藤昌益と千住宿の関係を調べる会・昌益文庫、二〇〇八年
『仙台藩と飢饉』大崎八幡宮仙台・江戸学実行委員会、二〇〇八年
『十八世紀末のアイヌ蜂起　クナシリ・メナシの戦い』サッポロ堂書店、二〇一〇年
『菅江真澄が見たアイヌ文化』御茶の水書房・神奈川大学評論ブックレット、二〇一〇年
『東北から考える近世史　環境・災害・食料、そして東北史像』清文堂出版、二〇一二年
『アイヌと松前の政治文化論　境界と民族』校倉書房、二〇一三年
『五稜郭の戦い　蝦夷地の終焉』吉川弘文館・歴史文化ライブラリー、二〇一五年